선생은 어떻게
아이의 아픔이 되는가?

* 일러두기

1. 본문의 대화 중 저자의 말은 '선생2'로 표기하였습니다.

선생은 어떻게 아이의 아픔이 되는가?

초판 1쇄 인쇄 · 2020년 9월 21일
초판 1쇄 발행 · 2020년 9월 28일

지은이 · 지봉환
펴낸이 · 천정한
펴낸곳 · 도서출판 정한책방

출판등록 · 2019년 4월 10일 제2019－000036호
주소 · 서울 은평구 은평터널로66, 115-511
전화 · 070－7724－4005
팩스 · 02－6971－8784
블로그 · http://blog.naver.com/junghanbooks
이메일 · junghanbooks@naver.com

ISBN 979-11-87685-46-3 (03370)

선생을 넘어 스승을 기다리는 학생들의 간절한 목소리

선생은 어떻게
아이의 아픔이 되는가?

지봉환 지음

선생이 자신을 앞세울 때
아이의 성장은 멎습니다

인간은 인정에 대한 욕망을 추구하는 존재다.

재능, 흥미, 생각, 관점, 꿈, 희망, 성향, 감정, 관심, 기능, 욕구……, 아이들을 이루는 요소는 무수합니다. 아이들은 아이들을 이루는 요소들의 성장을 통해 변화하고 발전합니다. 교육은 아이들을 이루는 다종다양한 요소들이 잘 자라도록 돕는 일입니다. 아이의 생각을 통제하고, 이야기와 관심을 평가하고, 감정과 욕구를 규제하고, 꿈을 재단하고, 움직임을 제한할 때 아이는 성장을 멈춥니다. 아이의 것을 있는 그대로 인정하고 허용해야 합니다. 그리고 잘 자라도록 터를 마련해 주어야 합니다. 그것이 교육의 길이고 선생의 도리입니다.

1

아이가 선생을 빤히 바라봅니다. 존재를 알리고픈 눈빛입니다. 입을 열기도 합니다. 투명인간에서 벗어나려는 안간힘으로 보입니다. 인정에 대한 욕망은 인간성의 핵심입니다. 아이의 눈에서 본성에 충실하려는 의지가 빛납니다. 학교는 아이의 인정에 대한 욕망을 둘러싼 선생과 아이 사이의 대립과 갈등과 투쟁의 장입니다.

결과는 늘 선생의 승리로 막을 내립니다. 아이의 욕망은 여지없이 무너집니다. 그리고 아이는 순응하는 법을 터득합니다. 옷을 어떻게 입고, 무엇을 먹고, 쓰고, 칠하고, 말해야 하는지, 무엇을 보고, 읽고, 들어야 하는지, 자신의 욕구와는 무관한 다른 사람의 관념과 욕구에 맞추며 살아가는 법을 익힙니다.

"나는 내가 관심을 가지고 있는 일을 한다. 다른 사람들이 요구하는 일을 하지 않는다." 미국의 사상가인 랄프 왈도 에머슨Ralph Waldo Emerson 이 말하는 고귀한 사람의 특징입니다. 에머슨의 말을 받아들인다면 자신들의 요구대로 움직일 것을 강요하는 학교는, 그리고 선생은 아이들을 천박한 존재를 만들고 있는 셈입니다.

"자신 외에는 아무것도 보지 마라."라는 에머슨의 또 다른 외침도 학교에서는 여지없이 무너집니다. "다른 사람의 시선에 휘둘리지 마라."라는 경고도 선생 앞에서는 통하지 않습니다. 선생만을 바라보고, 선생의 소리만을 듣고, 선생의 시선만을 좇아야 하기 때문입니다.

아이가 바라는 인정은 거창하지 않습니다. 크지도 요란하지도 않습니다. 마치 소꿉 같습니다. 작고 소박합니다. 아이의 간청을 듣는 것은 엄청난 힘을 요구하지 않습니다. 곁에 있어주기만 하면 됩니다. 눈 한번 마주치고, 등 한번 도닥이면 될 일입니다.

아이의 존재에 주목하고, 아이의 처지에 공감하고, 아이의 이름을 기억해주고, 아이의 의견에 귀 기울여주고, 약점도 관대하게 받아주고, 요구에 응답하면 됩니다. 선생의 시선을 받고, 발소리를 듣고, 손길을 느끼면 아이는 존엄한 존재로, 인정의 대상이 되었다는 느낌을 받습니다.

그러나 대부분의 아이 소리는 선생의 귀에 다다르기 전에 소멸합니다. 아이는 자연스레 선생에게 묻힙니다. 선생의 시선과 선생의 소리 그리고 선생의 요구는 아이의 욕구를 묻는 무덤이 됩니다. "남이 알아주지 않더라도 원망치 않는다면 군자다."라는 공자의 가르침을 간판에 내걸고 군자 양성에라도 나선 듯 보입니다.

"자기를 알아주지 않음을 걱정하지 말고 무능함을 걱정하라."라는 공자의 외침은 아이의 인정 요구에 대한 선생의 부정을 정당화시킵니다. 아이의 요구를 외면하는 선생의 표정은 당당합니다. 그 어떤 죄책감도 찾을 수 없습니다.

무능한 아이가 문제일 뿐입니다. 부끄러운 줄도 모르고, 뻔뻔스럽게 자신의 존재를 알리려 손을 내민 아이가 문제입니다. 아이의 손은 늘 궁핍합니다. 선생이 잡아주지 않기 때문입니다. 선생이 다가서지 않는 아이는 심리적 가난에 시달립니다.

그것은 교육적 노예로 만드는 일입니다. 아이는 자신을 포기하고 선생의 뜻에 자신의 삶을 바칩니다. 아이의 학교생활은 선생의 요구를 익히고 행하는 일입니다. 그것이 인정을 받을 수 있는 유일한 길이기 때문입니다. 인정을 받지 못할 것이라는 인정불안증, 그것이 아이의 학교생활을 피곤에 찌들게 합니다.

2

인정받지 못하는 아이는 가난합니다. 영감, 생각, 관점, 재능 등 아이가 내놓는 삶의 재료들은 싹을 틔워볼 기회조차 주어지지 않습니다. 성공적인 삶을 꾸릴 자산은 자연스레 소멸됩니다. 아이들 손에는 인정에 대한 욕망의 빈껍데기만 덩그러니 남습니다.

가난한 아이의 자리는 낮습니다. 개성은 짓밟히고 정체성은 무시됩니다. 원시의 미개인보다 더 심한 궁핍을 느낍니다. 점점 감정적으로 견디기 힘든 처지로 내몰립니다. 낮은 자리는 자존심에 상처가 아물날이 없습니다. 낮은 자리는 불편함만 있는 것이 아닙니다. 동반되는 모욕은 인내를 극한으로 몰고 갑니다.

선생의 모든 것이 표준입니다. 선생의 생각과의 거리가 가치를 정합니다. 그것은 선생의 생각이 반영되지 않은 삶은 인정하지 않겠다는 협박이고, 아이가 아닌 선생을 위한 삶을 살라는 억지 주문입니다. 선생의 생각과 멀면 멀수록 아이의 가치 또한 낮아집니다. 이 기준은 아이의 생각을 억제합니다. 아이의 욕망을 스스로 부정하게 만듭니다.

영화는 감독의 예술이라는 말이 있습니다. 영화는 감독의 철학이나 관점을 다양한 장면에 담아 관객에게 일방적으로 보여주기 때문입니다. 관객은 자연히 감독의 일방적 견해나 관점을 소비하는 수동적 존재가 됩니다. 때로는 이러한 수동성이 정성어린 선물을 편안하게 받는 느낌으로 다가올 수도 있습니다. 그러나 일방적 전달 방식에서 소통의 폭력성을 느끼기도 합니다.

선생은 감독을 닮았습니다. 주어진 관점과 견해를 일방적으로 전하고 요구한다는 점에서 그렇습니다. 선생의 일방적 전달은 아이들을 수동적 존재로 만듭니다. 아이들의 생각도 능력도 고려되지 않습니다. 선생이 전하는 관점만이 아이들 머릿속을 오롯이 차지합니다. 그 결과 아이들은 자신의 언어를 잃고 빈자리를 침묵으로 채웁니다. 이때 아이들은 편안함보다 폭력성을 느낍니다.

삶은 강요될 수 없습니다. 누구든 자신의 생각, 가치, 관점, 재능을 자신 있게 세상에 드러내고, 자신의 의지로 펼칠 수 있어야 합니다. '인정'은 아이가 자신의 것을 세상에 펼칠 수 있게 하는 힘입니다. 선생의 도닥임은 아이의 발걸음에 자신감을 줍니다. 따뜻한 손길과 눈길은 용기가 됩니다. 바라보고, 들어주고, 도닥여주는 일은 선생이 아닌 아이의 가치를 인정하고 존중하는 일이기 때문입니다.

3

아이는 학교를 꺼립니다. 교문 앞에서 머뭇댑니다. 거기에는 이른 시간부터 불러대는 무자비함만 있는 게 아닙니다. 한 인간의 운명을 시험대 위에 올려놓고 이리저리 뒤적거리고, 깔깔거리며 손가락질하고, 연신 곁눈질로 지켜보고 있는 사특함 때문입니다.

학교는 돈벌이에 적합한 도구를 만드는 일로 분주합니다. 때리고, 늘이고, 자르고, 달구고, 담가서 돈벌이용으로 쓰일 세련된 도구 만들기에 여념이 없습니다. 돈을 향한 잔인한 욕망과 이기심은 아이를 탐욕의 도구로 변질시킵니다.

탐욕을 채워줄 아이의 능력은 웃음 짓습니다. 돈을 향한 탐심이 부리고 쓸 수 있는 힘은 인정받고 높은 자리를 차지합니다. 아이는 그가 지닌 능력의 자본 획득 가능성에 따라 등급이 매겨집니다. 높은 등급에게는 학교 선택권이 주어지고 일할 기회도 풍족합니다.

사람보다 자본이 앞섭니다. 자본의 길에서 벗어나, 선생의 시야에서 밀려난 아이의 생활은 상처투성이입니다. 아이의 현실은 고단하고 궁색합니다. 마음을 주름지게 하는 비정한 단어들이 가슴 곳곳에 박힙니다.

이 책은 아이가 의식하는 선생에 대한 이야기입니다. 그리고 선생 사고의 중심에서 배제된 아이에 대한 이야기입니다. 집과 학교라는 외로운 길을 오가며 가슴에 새긴 그들만의 이야기는 선생이 걸어야 할 길입니다. 그들의 사연을 더하면 교육이 됩니다. 아이의 이야기를 단순히 한 아이의 투정, 한 아이의 불평쯤으로 치부하고, '누구나 다 겪는 일'이라는 유령 같은 날조된 말로 상황을 면하려는 태도는 비굴한 일입니다.

필요한 것은 듣는 겁니다. 아픔과 한숨을 나누는 겁니다. 그리고 아이의 이야기에 응답하는 겁니다. 선생이 내놓는 응답은 아이의 자기실현과 자유 실현의 토대가 되고 교육이 걸어야 할 길이 됩니다.

　아이의 꿈인 자기실현, 자유 실현은 자유의 이념이 교육적 신념으로 고양되고, 그것이 교육적 실천에 의해 구체화해 나갈 때 구현될 수 있습니다. 아이들을 만나면서 이들은 자아에 관심을 기울이고 돌아볼 겨를도 없이, 무엇인가에 이끌린 삶을 불안함 속에서 견디는 세대임을 뼈저리게 느낍니다.

　교육은 아이의 인권을 기반으로 해야 합니다. 아이를 인정하는 것으로부터 인권은 출발합니다. 인정은 아이를 있는 그대로 허용하는 일입니다. 선생이 자신을 기준으로 허용 여부를 결정하면 아이는 많은 것을 가지고도 빈곤에 시달리고, 비참할 수 있습니다.

　교육은 정책 입안자의 머릿속에, 정책에 충실한 선생에게 있는 게 아닙니다. 아이의 삶 속에 있습니다. 아이의 삶이 토해내는 이야기에 귀를 기울여야 하는 이유입니다. 아이의 삶에 비친 선생에게 선생의 길이 있습니다. 아이의 삶에 비친 교육에 교육의 길이 있습니다. 이 책을 통해 전해지는 아이의 이야기가 인권의 기반을 든든히 하고, 교육이 제 자리를 찾고, 선생이 제 길을 걷는 데 도움이 되기를 바랍니다.

차례

아픔 1

혐오적 시선

아픔 **2**

아픔 **3**

아픔 **4**

간섭적 시선

아픔 **5**

관료적 시선

아픔 1

혐오적 시선

문제아요?
문제 선생님은 없나요?

선생 종혁이, 너 이 반이냐? 야~ 아, 니들 담임, 운도 지지리 없다, 니
들 같은 애들을 만나다니. 너희 담임 올 1년 훤~ 하다! 한 해 삶
이 끝났구먼.

학생1 선생님은 들어오자마자 빈정거리면서 친구를 경멸하는 눈초리
로 쳐다보는 거예요. 애들은 깜짝 놀랐죠. 뭐 저런 인간이 다 있
나 싶었어요.

학생2 정말, 인성의 끝을 보는 기분이었어요.

학생1 정말, 그래요. 그 사람과 같은 인간 부류에 속해 있다는 게 창피
하고, 화가 났어요.

학생2 인간으로서의 품위가 부족한 존재가 아니라 아예 바닥이에요.

도덕성과 도덕적 능력이 있는 인간성만이 존엄을 가집니다. 선생에게서 존엄함을 찾을 수 없는 것은 도덕적 능력을 상실했기 때문입니다.

학생1 갑자기 한 대 맞은 것 같았어요. 다들 할 말을 잃었죠.
학생2 버~엉 쪘어요.

아이들은 기대했던 첫 시간, 난데없는 선생의 품위 잃은 쓰레기 같은 말에 영혼이 더럽혀졌다며 씩씩 댑니다.

학생1 종혁이만이 아니에요.

수민이의 말이 떨어지기 무섭게 수종이가 둔탁하고 갈라지는 목소리로 선생 시늉을 합니다.

학생2 아이고, 지석이도 여기네~.

선생이 지석이를 지목하는 모습을 손짓 발짓에 얼굴 표정까지 재연하는 수종이를 본 애들은 배꼽을 잡습니다.

학생3 아니, 뭘 근거로 걔들이 담임의 삶을 망칠 거라는 망발을 늘어
놓는지 모르겠어요.

학생4 이성이 마비된 게 틀림없어.

옆에서 기웃대던 시연이가 선생의 병명病名을 이야기합니다. 사고
의 과정을 거치지 않은 말은 거칩니다. 마음을 할퀴고 어지럽힙니다.

학생5 오히려 그 선생님이 우리 1년을 망칠 거야. 벌써 시작했잖아.
우린 망가지기 시작한 거라고.

가만히 듣고만 있던 연지가 언성을 높입니다.

학생1 아, 시연이 말을 듣고 보니 그러네. 지금 우리 모습이 그렇잖아.
이 귀한 시간에 그 천한 사람 얘기나 하고 있고. 그리고 매일 만
나야 되잖아. 와! 올 1년 끝났네!

학생2 아이, 벌써 몸이 스멀거려. 벌레가 기어 다니는 것 같은데.

학생3 난, 소름이 돋아.

학생4 아이 씨, 어떻게 매일 봐! 한 번 본 것도 짜증나 죽겠는데.

새 학기, 첫 시간을 맞는 기분은 학수고대하던 물건을 받아들고 포
장지라도 뜯는 듯 들뜹니다. 그런데 선생은 기쁘고 설레는 마음에 고

약한 오물을 뒤집어 씌웠습니다. 사고가 가난한 선생의 부족한 행동에 아이들의 마음은 심하게 뭉그러졌고요.

학생2 근데, 왜 종혁이와 지석이야? 무슨 근거로?

학생3 왜겠니. 자기 마음에 들지 않아서겠지. 자기 마음에 들지 않으면 다른 사람 마음에도 들지 않을 거라고 생각하는 거겠지?

학생1 마음에 들지 않는다고 그렇게 드러내놓고 모욕을 주냐?

학생4 그러니까 모자란 거지. 사람이.

낙인찍기는 아이가 받아야 할 형벌이 아닙니다. 그리고 고정된 이미지는 아이에게 위해를 가하는 일을 정당화하는 근거가 됩니다. 이를 통해 아이는 정상적인 범주에서 배제되고 비정상적인 존재로 규정됩니다. 왜 자기의 생각이나 가치관을 기준으로 애들을 평가하는지 모르겠다며 아이들은 오랜 시간 침을 튀기며 성토를 이어 갔습니다. 그리고 자리를 털고 일어서면서 물었습니다.

학생5 마음에 들지 않는 게 이유라면 저희도 할 말 많죠. 마음에 들지 않는 선생님들 투성이니까요. 그러면 우린 운도 지지리 없는 애들인 거예요. 3년은 이미 날 샌 거고요. 희망은 애시 당초 없는 거죠. 문제 선생님 앞에서 무슨 희망이 있겠어요.

아이들은 따집니다.

학생2 우리는 선생님을 만난 걸 아주 큰 행운으로 여기는 줄 아나 봐
요. 문제아가 있다면 문제 선생님은 없나요?

학생4 사실 저희 눈엔 문제로 돌돌 말린 선생님 투성이인 걸요.

문제아가 있다면, 문제 선생도 분명히 있다고 아이들은 말합니다.
아이들은 전생에 무슨 죄를 져서 저런 사람 만났나 싶은 선생이 어디
한둘인 줄 아냐며 자리를 떴습니다. 세상이 생각 없이 적용하는 비합
리적인 기준이 문제가 덕지덕지 묻어 있는 '문제 선생'을 정당화시키는
것은 아닌지 모를 일입니다.

선생님도
일회용인 거 알아요?

선생 니들 같은 놈 처음 본다.

하루에 한 번은 들어야 하는 재수 없는 말이랍니다. 아이들은 적반
하장이라며 열을 냅니다.

학생1 사실 우리가 하고 싶은 말이에요.

아이들은 마치 무슨 벌레라도 붙은 양 몸을 흔들고 손을 탁탁 텁
니다.

학생2 우리는 뭐 선생님이 좋아서 그 시간에, 선생님 앞에 앉아 있는
       줄 아나 봐요. 저희도 어쩔 수 없이 그 시간에 거기에 있는 거거
       든요.

학생3 맞아요. 우리는 제도가 학교에 가야 한다니까 학교에 온 거고, 수
       업을 듣는 거고, 그 선생님이 들어오니까 그런가보다 하는 거죠.
       그 과정에서 저희의 의지가 반영된 게 있나요. 전혀 없잖아요.

학생1 그러니까 선생님이 괴롭다면 우리도 괴로울 수 있는 거예요. 우
       리라고 억지 춘향 노릇이 즐겁겠어요. 자기 뜻과는 다른 생활
       이 쉽겠느냐고요. 그런데도 그 선생님은 자기만 괴롭고 힘든
       줄 알아요. 아니, 누가 더 어렵고 힘들겠어요. 선생님과 학생 중
       에요?

학생2 맞아요. 그래도 선생님은 본인이 선택한 것이지만 학생은 저희
       의 뜻과는 전혀 상관없이 이루어지는 일을 일방적으로 당하는
       거잖아요.

   애들은 따지고 또 따졌습니다. 잠시도 쉬지 않습니다. 따지는 폼이
다부집니다. 애들의 말은 성난 벌떼소리를 닮았습니다. 서늘하고 위
협적입니다.

학생3 맞아요. 자신의 의지로 이루어지는 일도 지치고 짜증나기 마련
       인데, 학교생활은 저희 의지와는 무관하게 일방적으로 주어지

25

는 과제를 수행해야 하는 일이잖아요. 힘들 수밖에 없어요.

학생2 그래도 주어지는 과제는 견딜 만해요. 사람이 힘들죠. 학교에서 만나는 사람들은 내 의사와는 상관없이 만나게 되는 거잖아요. 반 친구들도 그렇고 교과 담임이나 학급 담임 모두 다 내가 선택하는 것이 아니잖아요. 그래도 운이 좋아서 괜찮은 분을 만나면 그나마 다행이지만 그렇지 않은 경우라면 하루하루가 고문이에요. 지금 이 선생님처럼요.

학생4 그래서 난, 마음에 들지 않는 사람 만나면 도道 닦으라는 기회를 주시나보다 생각해요. 정말 몸과 마음이 저절로 단련되죠. 많은 걸 참아야 되고, 이겨내야 하거든요.

그때 성현이가 끼어듭니다.

학생5 참는다고 해결되면 뭐가 문제겠니? 싫지만 좋은 척해야 하고, 울고 싶지만 웃어야 하고, 나쁘지만 좋은 척해야 하고, 아니지만 그런 척해야 하고, 정말 마음에 없는 생활을 해야 한다는 게 화딱지 나는 일이지.

학생2 그래요. 그건 고문 중에 고문이에요. 그런 생활을 적어도 1년은 해야 돼요. 운 나쁘면 3년 내내 계속되는 거고요. 학교 졸업하면 모두 성인의 반열에 오를 것 같아요.

아이가 웃는다고 울 일이 없는 것은 아닙니다. 씩씩한 아이라고 두려움이 없을 것이라고, 주변에 친구들이 끊이지 않는다고 외로움이 없을 것이라고, 언제나 표정이 밝다고 베갯잇 적실 일이 없을 것이라고……, 섣부른 판단은 아이를 더 단단한 절망의 밧줄로 묶는 일입니다. 아이들은 겉으로는 웃음을 보이지만 비바람으로 인한 아픔은 안으로 새기기 때문입니다. 그래도 장합니다. 나름의 비법을 가지고 잘 이겨내고 있으니 말입니다. 근석이도 아름아름 터득한 노하우를 꺼냅니다.

학생6 저는 그 선생님은 물론 그 사람이 하는 모든 걸 무시하는 편이에요. 어차피 잠깐 스치는 관계일 뿐 내 삶과는 무관한 사람이니까 괜히 신경 쓸 이유가 없다고 생각해 버려요.

근석이는 일회용 도구라고 간주한답니다. 근석이의 말은 계속됩니다.

학생6 아마 그 선생님도 그렇게 생각하지 않을까요? 서로 지나면 그만인 관계죠. 좁은 버스에서 역한 냄새 풍기는 사람 만나면 어찌할 바를 몰라 당황스럽다가도, 내려야 할 정류장이 가깝다고 생각하면 견딜 수 있잖아요. 뭐 그런 거죠. 우연히 한 번 스치는 존재일 뿐인 거죠, 서로.

당혹해 하고 있는데 선현이가 불쑥 한마디 내뱉습니다.

학생5 저도 그렇게 생각해요. 세상에 영원한 관계가 있을까요? 필요에 따라 만났다가 필요가 다하면 관계도 끝인 거죠. 관계의 유효기간은 필요가 정한다고 봐요. 서로의 필요에 따라 얼굴을 마주하다가 필요를 채우면 곧바로 등 돌리는 점원과 손님 같은 거죠. 학교에서 이루어지는 인간관계도 예외가 아니라고 봐요. 특히 선생님과의 관계가 그렇지 않을까요? 오랫동안 간직하고 싶은 선생님이 있을까요? 마음 같아서는 지금 당장 내려놓고 싶은 심정인 걸요.

선생과의 관계를 당장이라도 끝내고 싶답니다. 선생과의 관계는 숨이 막힌다면서 말입니다. 그런데 그러지 못한다는 게 슬프답니다.

학생5 관계를 내려놓고 떠나는 순간, 그 다음 단계로 나아가는 길을 제도가 어렵게 만들어 놓았잖아요. 세상이 중졸, 고졸이라는 학벌을 무슨 벌레 보듯 하찮게 여기잖아요. 그런 악한 눈길을 피하기 위해 울며 겨자 먹는 심정으로 학교에 머무르는 거고, 선생님을 만나는 거죠. 이렇게 등 돌리지 못하고 학교에 다니고 또 학교에 머무르면서 보기 싫은 사람과 만나는 건 제도의 압력 때문이에요. 어찌 보면 제도가 폭력을 행사하는 거와 진배없는 일이죠.

아이들은 제도가 인간적이고 윤리적이어야 한다고 말합니다. 아이들은 불량 선생과의 만남을 피하기 위한 나름의 생각을 펼칩니다.

학생2 선택의 과정 자체도 중요한 교육이라고 생각해요. 그래야 일회용 관계가 아니라 영속적 관계가 형성되고 인간과 인간의 만남이 가능해질 거라고 봐요. 지금과 같은 체제에서의 만남은 필요를 채우기 위한 도구적 만남, 그리고 곧바로 헤어지는 일회용 만남이 될 수밖에 없는 거죠.

학생5 맞아요. 교육은 만남으로부터 시작된다고 들었는데 일회용 만남으로 무슨 교육이 어떻게 이루어질 수 있을까 싶어요. 좋은 교육은 좋은 만남이 만든다고 생각해요. 그런 의미에서 좋은 만남을 위한 제도적 장치가 마련되었으면 좋겠어요.

선생이 하루라도 빨리 아이들과 헤어지고 싶어 하듯, 아이들도 그런 선생과는 잠시도 함께 하고 싶지 않답니다. 선생이 우리 같은 놈들 처음 보듯 자신들도 그런 선생 처음 본다며 얼굴을 구깁니다. 애들은 궁금합니다. 선생들이 마음에 들지 않는 아이들과의 관계 청산을 바라듯, 아이들도 마음에 없는 선생들과의 관계를 힘겨워한다는 사실을 아는지 말입니다.

'선생님도 저희에게 일회용인 거 알아요?'

제왕적 선생은 자신을 대하는 아이의 정서를 오독합니다. 정서의 오독은 폭력을 부릅니다. 아이의 정서 속 선생의 모습에 관심을 기울여야 합니다.

선생님이
학교에 머무는 이유가 뭐예요?

　수업을 마친 아이들이 교실을 뛰쳐나옵니다. 마치 양떼가 우리를 탈출이라도 하는 것 같습니다. 둘, 셋이 짝을 지어 와자지껄 펄쩍펄쩍 뛰면서 좁은 복도를 빠르게 빠져나갑니다.

선생2 뭔 일이니? 뭐 좋은 일이라도 있나보다?

　지나는 애들 뒤통수를 향해 한마디 던졌습니다. 그때 혜민이가 돌아보면서 환한 표정으로 외칩니다.

학생1 오늘 해방된 날이에요!

선생2 해방?

  궁금한 표정에 혜민이는 가던 길을 멈추고 돌아섰습니다. 단짝 종희도 싱글싱글 얼굴빛이 밝습니다.

학생1 다음 학기에 ○○쌤 수업 듣지 않아도 돼요!

  복도 옆 의자에 앉자마자 혜민이가 기쁜 듯 소리쳤습니다. 종희는 의자에 걸친 다리를 흔들어 댑니다. 무척 좋은 모양입니다.

학생1 선생님이 우리가 너무 힘들었다면서, 다음 학기에는 우리 수업을 맡지 않기로 했대요. 그러면서 섭섭해 하지 말래요.
선생2 정말 섭섭하지 않니? 한 학기 동안 정 들었을 텐데.

  보통 헤어짐은 섭섭한 마음이 들기 마련이라 한마디 건넸습니다.

학생1 정요? 정말 끔찍한 학기였어요. 우린 다음 학기에도 ○○쌤 수업 듣게 될까봐 정말 조마조마했거든요. 근데 아니라잖아요. 이건 지옥을 벗어난 거예요. 죽다 살아난 거고. 완전 해방인 거죠.

혜민이는 얼마나 다행인지 모르겠다며 긴 머리칼을 쓸어 올립니다. 그때 혜민이 얘기를 듣고 있던 종희가 한마디 거듭니다.

학생2 근데 ○○쌤은 우리가 자기를 좋아하는 줄 알았나 봐요. 정말 웃기지 않아요? 어떻게 자신을 그렇게 모를 수가 있죠? 그리고 더 재밌는 건, 우리가 자기 수업을 좋아하는 줄 알고 있다는 거예요.

죽음의 수용소에서 벗어난 아이들이 떠났습니다.

학생2 난 그 얘기 할 때 좀 불쌍하다는 생각이 들더라. 그 쌤을 좋아하는 애들이 없잖아. 불쌍하잖아. 근데 자기는 애들이 자기를 좋아하는 줄 알고 있고.

학생1 정말, 멍청해! 자기를 몰라도 정도가 있지. 그렇게 모를 수 있냐고. 눈치도, 코치도 거기에 실력까지 도대체 있는 게 뭐야? 그 사람.

아이들이 떠난 자리에 남겨진 말의 잔해들입니다.

혜민과 종희의 이야기를 들으면서 몇 해 전 수업시간에 있었던 일이 생각났습니다. 수업 중, 모든 사람을 사랑한다는 것은 가능하지 않다는 누군가의 발언 끝에 슬기가 발끈하며 외쳤습니다.

학생3 나는 가능하다고 생각해!

갑자기 교실이 시끌벅적해지기 시작했습니다. 아이들은 자연스레 슬기 편과 반 슬기 편으로 갈라졌습니다. 어렵겠지만 불가능한 것은 아니라며 슬기 편 입장의 아이들이 동지애를 과시하며 반 슬기 편 아이들을 을렀습니다. 그때 불가능하다며 반 슬기 편에서 목에 핏대를 세우던 한 아이가 소리쳤습니다.

학생4 그럼, 너 ○○○선생님도 사랑할 수 있어?

순간 교실은 찬물을 끼얹은 듯 조용해졌습니다. 급소라도 맞은 듯 슬기 편 아이들은 서로의 얼굴만 바라볼 뿐이었습니다. 슬기 편 아이들은 책상 밑을 파고들기 시작했습니다.

학생4 안 된다고 그랬잖아. 어떻게 모든 사람을 사랑할 수 있겠냐고!

반 슬기 편 아이들은 기세가 등등해졌습니다. 한 방에 다운시킨 셈이 되었습니다. 슬기 편 그 누구도 나서는 아이가 없었습니다. 슬기 편 아이들은 패배를 인정하는 듯 구겨진 표정들을 주고받았습니다.

학생5 슬기야, 얘기해 봐, 넌 어떻게 생각하는지.

한 줄 건너 앉아 있던 지훈이가 슬기의 생각이 궁금했던 모양입니다. 얘기해 보라며 슬기의 옆구리를 슬쩍 찔렀습니다. 슬기는 고개를 뒤로 젖히며 한숨을 토했습니다. 슬기는 얼굴을 붉힌 채 고개를 가로 저었습니다. 그건 아무래도 어려운 모양이었습니다.

시끄럽던 교실이 ○○○선생 이름 석 자로 평정을 찾았습니다. 도저히 사랑할 수 없는 사람이 있다는 사실에 모두가 동의한 모양새가 되었습니다. 아무리 사랑하고자 애써도 도저히 사랑의 감정이 생기지 않는 존재가 있다는 것을, 순수한 아이들의 애정조차 식게 만드는 존재가 있다는 걸 그때 알았습니다.

그때 아이들의 어두웠던 표정이 생생하게 떠오릅니다. ○○○선생 이름 앞에서 한숨짓고 침묵했던 아이들의 모습이 떠오릅니다. 아이들은 아이들이 좋아해야 선생임을 깨닫게 해주었습니다.

학생6 선생님 다음 학기에 저희 가르치시나요? 저 선생님 수업 들으려고 ○○과목 신청했는데, 선생님이 안 가르치시면 안 돼요. 저희 반 꼭 들어오셔야 돼요. 선생님 약속해요. 저희 반 들어오신다고.

이보다 예쁘고, 정겹고, 가슴 떨리고, 행복한 말이 어디 있을까요?

아이들의 초대를 받는 것만큼 행복한 일이 또 어디 있을까요?

아이들을 힘겹게 여기고, 그래서 가르침을 불편하게 생각하는 선생에게 아이들은 묻습니다.

"아이들을 싫어하면서, 아이들 만남을 거부하고, 수업을 지겨워하면서 그 아이들이 있는 공간에 머무는 이유가 뭔가요?"

우리가
선생님의 기쁨조인가요?

학생1 정말, 개떡 같은 소리하고 있어.

소리가 얼마나 컸던지 모든 이의 시선이 소리 나는 쪽으로 일제히 쏠렸습니다. 수현이는 본인도 놀란 듯 입을 틀어막은 채 얼음이 되어서 있습니다. 그러더니 곧바로 창피한 듯 얼굴을 가리고 겸연쩍은 웃음을 흘리면서 교실로 엉거주춤 사라졌습니다. 수현이가 남긴 말만 구겨진 모습으로 허공을 맴돕니다.

개떡 같은 말의 진상을 들은 건 얼마의 시간이 흐른 뒤였습니다. 수업 중에 화와 짜증을 번갈아 내고 고성을 간간히 섞으시던 선생님이 갑자기 이맛살을 구기면서 이러시더랍니다.

선생   내가 본래 이렇게 악하지 않았는데, 너희를 만난 뒤로 악해졌어. 짜식들아!

선생2   그게 무슨 말이니?

학생1   ○○선생님 말이에요. 유치하기 짝이 없죠. 그 선생님은 뭐든 애들 탓이에요. 선생님이 저지르는 별별 악행의 원인은 몽땅 애들이에요. 애들이 자신을 무시하고, 자존심을 건드리고, 화를 나게 해서 그럴 수밖에 없었다는 거죠.

수현이의 말에 옆에 있던 친구들도 너도 나도 한마디씩 보태기 시작합니다.

학생2   네, 맞아요. 자신은 무척 선한 존재예요. 애들이 악한 거죠. 악한 애들이 선한 선생님을 악하게 만든다는 거예요. 화가 나는 것도 애들 탓이고요.

학생3   선생님, 이건 무슨 협박처럼 들리지 않아요? 그러니까 선생님에게 험한 꼴 당하지 않으려면 선생님의 자존심을 건드리지 말고 화나게 하지 말라는 거잖아요.

애들은 작심한 듯 그간의 불만을 쏟아냅니다.

학생4 그러니까 애들은 선생님의 자존심을 짓밟는 말이나 행동은 하지 않는지 늘 점검해야 하는 거예요. 자기검열을 해야 하는 거지요. 정말 무섭지 않아요? 어떻게 늘 선생님의 품위를 아이들이 지켜야 되냐고요. 스스로 지켜야 하는 거 아네요? 선생님의 행동이 품위 있으면 누가 함부로 하겠냐고요.

애들의 생각에서 흠을 찾기 어렵습니다.

학생3 이건 학생이라는 이유로 거의 일방적으로 강요되는 감정노동이라고 생각해요. 존중해야 하고, 공경해야 하고, 선생님의 마음에 맞는 마음을 지녀야 하고……. 교실에서 선생님이 갖는 권력은 결코 평범하지 않거든요. 선생님을 위해 강요되고 행해지는 그 노동은 선생님에 대한 '예'라 불리면서 자연스럽게 모범적인 학생상學生像으로 왜곡되었다고 생각해요.

아이들의 생각엔 결코 그냥 지나치기 어려운 가르침이 있습니다.

학생4 우리는 정서적으로 선생님에게 의존할 수밖에 없는 상황이잖아요. 이것을 선생님이 이용하는 것 아닌가 싶어요. 좋은 감정을 선생님에게 주면 이에 대한 보답으로 아이들이 필요로 하는 자원을 베풀겠다는 비교육적인 야비함이 숨어 있는 것 같아요.

정말 기분 나쁜 일이죠.

아이들은 선생의 '화'는 선생의 자존심을 찬양하지 않아서 발생하는 참사라고 여깁니다. 쉼 없이 선생의 훌륭함을 기리고 찬미해야 하는데, 그것을 멈추면 화를 드러낸다는 겁니다.

학생2 이건 마치 무슨 질병 같아요. 병이 아니고서야 그럴 수는 없죠. 선생님은 자신에 대한 찬양을 멈추면 무시했다고 생각하는 모양이에요. 그리고 이 무시 받는다는 생각이 '화'를 부르는 거죠.

그때 가만히 듣고만 있던 지인이가 의미심장한 이야기를 건넵니다.

학생5 선생님은 아이들이 자신을 기쁘게 해주기 위해 동원된 기쁨조가 아니라는 사실을 알았으면 좋겠어요. 그건 선생님의 본분을 망각한 것 아닌가요? 오히려 선생님이 아이들을 기쁘게 해주어야 하는 거 아니에요? 약한 것 강하게 해주고, 흐릿했던 앞날이 밝아지고, 멈추었던 걸음 다시 걸을 수 있게 용기를 주고, 답답했던 가슴 시원하게 뚫어주고, 어둡던 길 환히 비춰주고, 무엇을 어떻게 해야 할지 몰라 헤맬 때 길을 일러주고, 슬픔을 달래주고, 처진 어깨에 힘을 주고……. 그래서 선생님은 언제, 어디서든 기쁜 마음으로 만나고, 이야기하고 싶은 존재였으면 좋겠어요. 지금처럼 만남이 꺼려지는 존재가 아니라요.

　유성이는 한 술 더 뜹니다. 마치 이런 일을 위해 준비라도 한 듯합니다.

학생6　그래서 애들에게 선생님이 어떤 존재인지 수시로 점검할 필요가 있다고 생각해요. 도움이 되는 존재인지 걸림돌이 되는 존재인지 말이에요. 그래서 지장을 주는 존재라면 아이들 앞에 설 수 없도록 해야 한다고 봐요. 아이들 생활에 방해가 되는 존재임에도 불구하고 아무런 제약도 받지 않고 아이들 앞에 설 수 있다면 아이들은 어떻게 되겠어요. 국가는 이 사람이 이 자리에 적합한 존재인지 점검할 책임이 있다고 생각해요. 흉악무도한 짓만 범죄는 아니라고 생각하거든요. 아무리 작은 일이라도 누군가의 삶에 불편함을 초래하는 것 또한 제재 받아야 할 잘못이라고 생각해요. 당연히 벌을 받아야죠. 그게 국가의 책무라고 생각해요.

　선생의 감정을 살펴 생활하라는 선생들의 은근한 요구에 대해 아이들은 묻습니다.

　"우리가 선생님의 기쁨조인가요?"

선생님 자격은
유효기간이 없나요?

점심시간이 되면 아이들은 오전 내내 웅크렸던 가슴을 펴고 졸였던 숨도 몰아쉽니다. 짧지만 미소도 스치고 미뤘던 수다도 떱니다. 그런데 수민이는 가야 할 식당 대신 복도 옆 의자에 웅크린 채 앉아 있습니다. 뭔가 많이 불편해 보입니다.

선생2 수민이, 점심은?
학생1 아! 네, 쫌 이따가……

점심을 먹고 돌아올 때까지 수민이는 그 자리에 있었습니다. 이번에는 단짝인 지선이와 함께입니다. 무슨 일이냐는 눈빛을 흘리고 지나치는데 지선이가 따라오면서 불만을 토합니다.

학생2 전 선생님이 정말 이해가 안 돼요. 어떻게 사람을 그렇게 무시할 수 있죠?

화가 치미는지 잠깐 숨을 고릅니다.

학생2 10년 후 자신의 모습을 이야기하는 시간에 수민이가 학생들을 가르치면서 행복한 시간을 보내고 있을 거라고 대답했어요. 근데 그 말을 듣자마자 선생님은 '니가? 선생님이 된다고?' 하면서 한참을 비웃고, 비아냥대고, 무시하는 거예요. 어쩜 그럴 수 있죠. 모든 애들이 정말 입을 다물지 못했어요. 그러니 수민이 마음이 어땠겠어요?

그러는 중 수민이 반 친구들이 하나둘 모여들기 시작했습니다. 수민이가 걱정되었던 모양입니다. 애들은 수민이 어깨를 토닥이면서 위로의 말을 건네기 시작합니다.

학생3 수민아, 너무 마음 아파하지 마!
학생4 그냥, 무시해.
학생3 오히려 희망이 생긴 거 아니야? 그런 사람도 선생님 하는데 누가 못하겠어. 수민이 너야 자격이 넘치지.

세희 말끝에 여기저기서 한마디씩 얹기 시작합니다.

학생5 애, 그 사람이 무슨 선생님이니? 선생님 자격증이나 있나 몰라. 수업도 안 하잖아. 수업 시간 내내 엉뚱한 얘기나 늘어놓잖아. 그것도 자기 자랑이 반이고. 교과서 이야기를 들어본 기억이 없어, 난.

학생4 그래 맞아. 수업을 정말 날로 먹어.

학생5 정말, 그 사람, 선생님 자격은 있나 싶어. 선생님으로서 어떤 기능도, 역할도 하는 게 없잖아.

학생2 정말, 자격증 어디서 산 거 아닐까? 그것도 유효기간이 한참 지난 중고로.

애들은 손뼉을 치면서 키득키득 웃어댑니다. 그 소리에 웅크렸던 수민이도 고개를 듭니다. 수민이의 얼굴을 보자 애들의 목소리는 더욱 힘을 냅니다.

학생4 난, 그 선생님 진즉 포기했어. 그 시간에 난 아예 다른 공부해.

학생3 맞아, 나도 그 선생님 보면 정말 짜증나. 개나 소나 다 선생님이래. 유원이 말대로 혼자 자습하는 게 훨씬 나아.

애들은 선생을 도마 위에 제대로 올려놓았습니다.

학생5 그런데, 그런 자신감, 아니 뻔뻔함은 어디서 오는 걸까?

학생4 그야 자격증 아니겠어. 자격증은 국가로부터 받는 거잖아. 그러니 당당한 거지.

학생3 난, 이런 게 문제라고 생각해. 한 번 주어진 자격으로 평생 버틸 수 있는 거. 한 번 주어진 자격이 20년, 30년 그 자격이 유지될 수 있다고 생각하니? 자격증을 받을 때는 자격이 있었다고 쳐. 그런데 그 능력이 오늘에도 유효한 능력은 아닐 수 있잖아. 수십 년씩 지속되는 능력이 어디 있겠냐고.

애들의 얘기를 들으면서 가슴이 찔립니다. 이 녀석들이 선생을 앞에 놓고 난도질을 합니다.

학생5 그렇다고 방법이 있니? 능력을 검증하고, 능력 없는 사람 쫓아낼.

학생3 자격 검정을 다시 해야지. 적어도 3년이나 5년에 한 번 정도는 평가를 다시 해서 자격 여부를 검증해야 한다고 생각해. 그래야 선생님들도 공부하고 고릿적 시절 자격증에 기대서 얼렁뚱땅 대충 하지 못할 거 아니니.

학생2 나도 그렇게 생각해. 새 세상에 대한 새로운 데이터가 없는 사람들이 할 수 있는 건 극히 제한적일 수 있을 테니까. 그래서 정기적으로 다양한 사람들이 크로스 체크로 평가해야 된다고.

학생5 평가?

학생2 응, 정기적으로 전공시험을 봐서 자격 여부를 판단해야 한다고 생각해. 인성검사도 빼 놓을 수 없고.

학생5 인성은 어떻게?

학생2 전문가들이 만든 공정한 평가 항목으로 학생과 학부모, 교사들이 평가하면 되지 않겠어. 인성은 매년 평가해서 3년이나 5년 동안 누적 점수를 매겨 일정 점수를 획득하지 못할 경우 자격을 박탈하는 식으로 운영하면 되지 않을까 싶은데. 물론 억울하면 이의신청을 할 수 있도록 하면 될 테고.

선생을 씹어대는 애들 얼굴을 보면서 내가 의지하고 있는 자격증이 애들 앞에 당당히 내놓을 수 있는 자격증인지 생각합니다. 빛은 바래지 않았는지, 자격은 증발하지 않았는지, 애들의 인정을 받을 만한 자격을 갖춘 자격증인지 장롱 속 어딘가에 숨죽인 채 놓여 있을 자격증을 떠올려 봅니다.

학생3 맞아. 그래야 수년 전 능력으로 평생 우려먹는 파렴치한이 사라질 거야. 세상은 업데이트 되는데 정작 선생의 능력이 그대로면 되겠냐고. 그리고 보면 수업시간에 졸고, 자고, 딴짓한다고 애들만 탓할 일은 아니야. 수업시간에 뭐 듣고, 볼 일이 있어야 듣든, 보든 할 게 아니냐고. 들을 게 있으면 딴짓하라고 해도 안 할 걸.

학생4 그러고 보니까 자격증이 밥 먹여준다는 말이 맞네. 뭐 자격증만 있으면 실제 능력과 상관없이 밥 먹여주잖아. 그것도 국민들의 피땀으로.

수민이를 위로하러 모인 자리가 교사 자격 논란으로 번졌습니다. 자격도 부실한 선생이, 자격을 논할 자격도 없는 존재가, 아이들의 꿈을 짓밟은 건 주제 넘는 일입니다. 선생은 아이들의 심기를 제대로 건드렸습니다.

학생2 10년 혹은 20여 년 전에 주어진 자격증으로 평생 우려먹는 건 있어서는 안 될 일이라고 생각해. 세상이 얼마나 빠르게 변하니. 그런데 수십 년 전 능력을 기준으로 주어진 자격증을 가지고 미래를 살아갈 아이들 앞에 선다는 건 우리를 모독하는 거야. 우리 삶을 무시하는 거라고. 그렇잖니? 선생의 자격은 그 당시의 자격일 뿐이잖아. 그러니까 오늘에는 맞지 않을 수 있는 거지. 더군다나 우리의 삶은 내일 펼치는 거잖아. 그래서 오늘과 내일을 살아갈 우리 앞에 설 능력을 갖추었는지 정기적인 점검이 필요하다고.

애들은 선생의 능력에 대해 의문을 품습니다. 애들을 불편하게 하는 건 자격에 문제가 있다는 겁니다. 아무에게나 선생 자격증을 남발하고, 아무에게나 선생 이름표를 붙여준 게 아니라면 있을 수 없는 일이라면서 말입니다.

애들은 선생의 질을 관리해야 한다고 생각합니다. 자격이 온전한지 살펴야 한답니다. 음식점 조리원도 자격 여부를 꼼꼼히 살피는데 하물며 자신들의 삶을 아무에게나 맡길 수는 없는 일이라면서 검증의 필요를 강하게 내세웁니다. 아이들은 선생의 자격 여부를 묻습니다.

학생5 괜찮은 생각인 걸. 그렇게 되면 교육 환경이 지금보다 훨씬 좋아질 것 같아.

학생2 나도 그 생각에 전적으로 동의해. 자격 없는 사람이 아무런 제약도 받지 않고 학생 앞에 설 수 있다는 건 학생들만의 문제는 아니라고 생각해. 그건 국가적으로도 손실인 거지.

학생4 맞아. 그래서 능력 없는 사람들을 걸러낼 수 있는 제도적인 장치가 정말 시급하다고. 고리타분한 옛 자격증만 움켜쥐고 빛바랜 자격증에 기대서 변화하는 시대의 요구에 응할 수 없다면 세상을 이끌어갈 인재를 기르기는커녕 아이들이 가지고 있는 능력조차 발휘할 수 없게 만들 게 뻔하다고. 그래서 변화하는 세상을 쫓아가지도 못하는 무능인을 만들고 말 거라고.

학생3 결국, 수민이가 아픈 건 무능인을 만나서 벌어진 일이네.

학생5 교육을 낡게 하는 건 선생님이 품고 있는 낡은 자격증이 원인이
라고 생각해요.

수민이의 아픔에 대해 애들이 내린 결론입니다. 그리고 애들은 묻
습니다.

"선생님이 애지중지 가슴에 품고 있는 자격증의 자격은 지금도 유
효한가요?"

아이들은 어떤 존재가 선생이고, 어떤 존재가 선생이 아닌지를 판
단할 수 있는 전적인 권력을 쥔 유일한 존재입니다. 품에 있는 자격증
이 찢어지진 않았는지, 흠은 없는지, 빛은 바래지 않았는지, 자격이 세
월에 묻혀 사라지진 않았는지 수시로 살펴야 합니다.

선생님은
미친 개라고 불러도 괜찮아요?

학생1 아이 씨, 왜 이름을 두고 별명을 불러, 들을 때마다 정말 기분
더러워.

대여섯 아이들이 떼거지로 문을 비집고 나오면서 투덜댑니다. 얼마
후 기분이 더럽다던 종현이를 만나 인사를 건넸습니다.

선생2 기분 좀 좋아졌니?

처음엔 무슨 소린가 싶어 어리둥절하던 종현이가 이내 무슨 얘긴지
알아차리고는 멋쩍게 웃습니다.

선생2 그땐, 기분이 어떤 오물이라도 뒤집어쓰셨었니? 왜 더러워졌는데?

학생1 아, 네~. 저희 반에 수홍이라는 애가 있거든요. 근데 선생님들이 걔만 보면 '빡'이라고 별명을 불러요.

수홍이가 잘 조는데 졸고 있는 수홍이 머리 모습이 마치 가냘픈 줄기에 위태롭게 매달려 있는 '박' 같다고 붙여진 이름이랍니다. 이젠 많은 선생님들이 외치는 대중화된 이름이 되었다네요. 수홍이라는 이름은 어디론가 사라진지 오래고요.

선생 아유, 저 '빡' 또 자냐?

학생1 처음엔 그럴 수 있다고 생각했어요. 친구들도 재미있어 웃기도 했고요. 그런데 매 시간 반복되니까 이젠 마치 조롱하는 것처럼 느껴지더라고요. 저만 그런 줄 알았는데 많은 친구들이 그렇게 생각하고 있더라고요.

초등학교 시절이 떠오릅니다. 늘 높은 도수의 돋보기 너머로 아이들을 보시면서, 만날 때마다 정겹게 불러주시던 선생님이 계셨습니다. 그런데 선생님이 부르시는 건 이름이 아니었습니다. 이름 대신 별명을 부르셨습니다. 선생님이 부르시는 별명은 친구들끼리 지어 부르는 별명이 아니고, 선생님이 직접 지으신 선생님 작품이었습니다.

그 선생님은 애들을 그냥 지나치는 법이 없었습니다. 꼭 별명을 불러주셨습니다. 그리고 꼭 그렇게 될 거라는 응원의 멘트도 함께 남기셨습니다. 친구들은 그 선생님 눈에 띄는 걸 좋아했습니다. 종현이와 달리 친구들은 선생님이 불러주시는 별명을 듣고 싶었기 때문입니다. 선생님은 다양한 근거로 별명을 지으셨습니다.

'덩치가 큰 아이는 장군, 성적이 높은 아이에겐 나라의 보배가 되라고 보배, 과학자, 박사, 갑부, 가수, 대통령, 변호사, 경찰, 사장……'

누가 들어도 기분 좋은 말들로 별명을 지어 부르셨습니다. 물론 친구들은 야유를 쏟고 아니라고 우겼지만 선생님은 늘 그윽한 미소를 띠시면서, "나중에 보거라, 저 친구는 틀림없이 훌륭한 과학자가 될 거야."라고 말씀하시곤 했습니다.

난 별명이 '선생'이었습니다. 선생님 심부름으로 자주 교무실을 들락거렸고 그때마다 '꼬마 선생'이라고 부르셨습니다. 선생이 된 지금도 그 선생님의 음성이 귓전에 생생합니다. 교무실을 들어설 때마다 장난삼아 자리에서 벌떡 일어서서 인사하시면서 불러주신 꼬마 선생이 진짜 선생이 되고 나서야 그 선생님의 별명이, 별명이 아닌 인생이 되었음을 알았습니다.

뿌린 대로 거둡니다. 선생의 말은 아이들 가슴에 뿌리는 씨앗입니다. 선생이 뿌린 씨앗은 아이들의 삶이 됩니다.

학생1 미친 개라고 불러도 좋아요?

종현이는 선생의 이름 대신 자신들이 지은 그 선생의 별명을 불러
도 좋은지 묻습니다. 거친 말만큼 위험한 유산도 없습니다.

선생님은 우리에게
쓸모 있는 존잰가요?

학생1 얘기하나 마나예요. 아무런 도움도 안 돼요. 마음만 흉해져요.

　　머릿속이 뒤죽박죽이 돼서 뭘 어떻게 해야 할지 모르겠다며 걱정하는 시연이에게 선생님 찾아보기를 권하자 틈도 없이 신경질적인 대답이 돌아옵니다.

학생2 시간만 허비하는 거예요. 선생님 찾았다가 그 누구도 웃는 낮으로 돌아오는 걸 본 적이 없어요. 갔다만 오면 다 후회해요.

　　같이 있던 예민이도 선생을 찾을 필요를 일축합니다.

학생1　자유롭게 이야기할 수가 없어요. 억지로 만나는 듯한 느낌을 받아요. 싫은 기색도 역력하고. 그래서 애들이 잘 찾지 않아요. 정말 어쩔 수 없이 찾았다가도 실망하기 일쑤예요.

아이들은 억눌리는 욕구에 대해 안타까워합니다. 그리고 선생의 비인간적이고 메마른 감정에 대해 분노합니다.

선생　왜? 그래서? 안 돼!

정해진 선생의 답변에 애들은 화낼 가치도 없다며 실소합니다. 선생의 답변을 이미 알고 있기에 애들은 선생을 찾아 새삼스레 정해진 답변을 확인할 필요가 없답니다.

학생2　그래서 더 이상 선생님과 말을 섞으려 하지 않아요.
학생1　맞아요. 필요 없어요. 감정에 상처만 깊어질 뿐인 걸요.

외부의 힘이 인간성 자체를 위협할 때 아이들은 저항합니다. 아이들은 저항의 의미로 선생에게서 '쓸모'라는 가치를 거두어들입니다. 선생의 '쓸모'는 아이들이 정합니다. 아이들이 '쓸모'를 찾지 못하면 '쓸모'없는 선생이 됩니다. 가슴에 품고 사는 물건의 '쓸모'는 큽니다. 그러나 마음에서 내려놓은 물건의 '쓸모'는 없습니다. 그냥 거추장스러운 존재일 뿐입니다.

선생도 그렇습니다. 애들이 가슴에서 내려놓으면 이미 선생이 아닙니다. 아이들 앞을 가리고, 걷는 길을 가로막는 장애물일 뿐입니다.

수십 년이 흐른 지금도 가슴을 따뜻하게 해주는 선생님이 있습니다. 코흘리개 시절 어느 해 여름방학, 개학을 애타게 기다린 적이 있었습니다. 선생님이 내주신 과제를 그때만큼 기쁘게 한 기억이 없습니다. 빠짐없이 한 것도 그때가 처음이었습니다. 찰흙 인형, 독후감, 선생님 초상화, 곤충 채집, 며칠 전 몰아서 쓴 일기장까지 과제 목록에 빠짐없이 표시가 되었습니다.

애타게 기다리던 개학날, 보란 듯이 양손 가득 과제물을 들고 기쁜 마음으로 학교로 향했습니다. 여기저기 반가운 친구들이 보였으나 뒤로 미루고 교실로 향했습니다. 들뜬 마음으로 교실 문을 열었습니다.

"선생님!"

그리곤 소스라치게 놀랐습니다. 몸이 굳었습니다. 머리가 멍해졌습니다. 선생님 자리에, 선생님이 계셔야 할 그 자리에, 선생님이 계시지 않았습니다. 그토록 만나고 싶었던 선생님이, 보고 싶고, 또 보고 싶었던 선생님이 보이질 않았습니다. 대신 낯선 '누군가'가 앉아 있었습니다. 몸집은 우리보다 세 배쯤 컸고 얼굴은 우락부락 무서웠습니다.

"자리에 앉아라!"

거무튀튀한 얼굴빛의 그 남자는 매섭고 시커먼 한마디를 남기고 교실을 나갔습니다. 순간 뭔가 잘못되었음을 직감했습니다. 갑자기 이상한 기운이 온몸을 감쌌습니다. 불길했습니다.

개학은 눈물로 시작했습니다. 반 아이들 전체가 벌겋게 눈이 부었습니다. 낯선 아저씨의 이야기는 귀에 들어오지 않았습니다. 그가 입을 열 때마다 선생님에 대한 그리움은 커졌습니다. 방학 과제로 그린 그림 속 선생님의 미소는 눈물로 지워져 흉하게 변했습니다.

선생님의 말씀은 기쁨이었고 즐거움이었습니다. 애들의 이야기는 선생님의 기쁨이었고, 선생님의 말씀은 애들의 즐거움이었습니다. 미소로 시작된 수업은 함박웃음으로 마쳤습니다. 애들의 채근에 쉬는 시간도 잊은 채 이야기를 이어 가시기도 여러 번입니다. 애들에게 선생님은 어머니였고 친구였습니다.

언제나 우리 편이었습니다. 잘못이 없었을 리 없었건만 늘 품에 안아주셨습니다. 늘 기쁘고 즐거웠습니다. 종아리에 푸른 멍 자국이 사라질 날 없던 옆 반과는 사뭇 달랐습니다. 선생님을 잃은 슬픔에 몇 날 며칠을 잠 못 이루던 그때, 그 기억은 긴 세월이 흐른 지금도 가슴 한 구석에 차갑게 남아 있습니다.

언제든 아이들 이야기에 귀 기울이시던 선생님, 아이들의 처지를 세심하게 챙겨주시던 선생님, 모든 아이들의 손을 잡아주시고 똑같은 온기를 나눠주시던 선생님, 차별 없이 같은 모습, 같은 웃음을 보여주시던 선생님. 우리가 있는 곳엔 늘 선생님이 계셨습니다. 선생님을 잃고 선생님 없는 시간을 보내야만 했던, 뜨거웠던 그 여름을 수십 년이 흐른 지금도 잊을 수 없습니다.

지금도 선생님의 모습은 내 마음자리 가장 깊은 곳에 소중하게 간직되어 있습니다. 수고에 지쳤을 때, 허망하고 망막함이 느껴질 때, 속상하고 회의감이 들 때마다 꺼냅니다. 선생님의 온기를 느끼고 따뜻한 미소를 접합니다. 선생님은 오늘도 빛이 되고, 용기가 됩니다.

아이들이 눈길을 거두고 발길을 끊으면 선생의 '쓸모'는 다 된 겁니다.

"선생님은 애들에게 쓸모 있는 존잰가요?"

선생으로, 아이들과 만난 지 수십 년. 아이들 가슴에 어떤 존재일지 궁금합니다.

왜,
묻고 듣지는 않죠?

복도 옆 탁자 위에 뭔가 한 보따리 쌓아놓고 대여섯 아이들이 모여 있습니다. 아이들 머리 위로는 폭풍전야의 시커먼 침묵이 무겁게 흐릅니다.

학생1 그럴 거면 처음부터 자기가 하지, 해보긴 왜 해보래. 짜증나게!

무거운 침묵을 깨뜨린 건 슬기입니다.

학생1 도서실 책꽂이를 디자인 해보라고 해서 저희들이 했거든요. 정말 몇 날 며칠을 고민 고민해서 도서실 분위기가 듬뿍 나는 예

59

쁜 책꽂이를 구상했거든요. 군데군데 적어 넣을 글귀도 만들고
요. 근데 한 방에 날아갔어요.

학생2 뭐든 생각해보고, 써보고, 그려보고, 만들어보래요. 그래서 정
말 신나서 했죠. 그런데 결국 의미 없는 일이 된 거죠.

학생1 결국 선생님 생각대로 해요. 아니 그럴 거면 뭣 하러 우리보고
해보라고 그래요. 처음부터 그냥 선생님이 하면 되잖아요. 우
리가 그렇게 한가해 보여요?

학생2 정말 힘들게 짬을 내서 한 건데 거들떠보지도 않아요. 가지고
노는 것도 아니고.

학생1 선생님은 애들 생각은 '하찮고, 위험하다.'라는 고정관념을 가지
고 있는 것 같아요. 애들 소리엔 눈길 한번 주지 않고 멸시하는
걸 보면요. 그렇게 무시하고, 자존심을 짓밟아도 되는 거예요?

대뜸 곁에 있던 나에게 쏘아붙입니다.

학생2 그리고 더 웃기는 게 뭔지 아세요? 선생님은 자기의 생각에 토
를 달면 입에 거품을 물어요. 조금이라도 자기 생각과 다르면
완전히 구석에 몰아넣고 죽사발을 만들죠. 그러니까 선생님과
다른 생각은 무조건 감춰야 돼요. 선생님의 생각을 좋아하는
것처럼 꾸며야 되고, 옳은 것처럼 끄덕이고, 맞는 것처럼 박수
쳐주고, 웃어줘야 돼요. 쇼도 이런 쇼가 없어요.

자신을 내려놓고 상대를 높여야 들립니다. 자신을 절제하고 남을 존중할 때 들립니다. 아이들보다 높은 자리에 있는 한 선생의 귀는 열리지 않습니다.

학생1 어떻게 그런 생각을 다 하셨냐고, 역시 선생님밖에 없다고, 정말 훌륭하시다고 띄워줘야 돼요. 그러면 뭐 난리 나죠. 좋아 죽어요.

학생2 선생님을 찬양하는 완전 '선비어천가'라도 불러야 되는 거죠.

학생1 우린 두 얼굴을 가진 야누스가 되는 거예요. 졸지에.

아이는 선생의 비위를 맞추고 선생의 눈치를 살피는 노예적 존재로 전락합니다. 학교생활은 가짜 생활로 변질됩니다. 진정한 겸손이 아닌 선생의 눈치 보는 가짜 겸손, 가짜 즐거움, 가짜 예의, 가짜 웃음, 가짜 존경 등 다른 사람에게 보여주기 위한 연출된 생활을 하며 불안하고, 두렵고, 비굴한 삶을 살아갑니다.

학생1 그러니까 뭘 해도 우리 생각을 반영하면 안 되는 거죠. 선생님의 생각을 읽어서 만들고, 쓰고, 그려야 되는 거예요. 선생님은 무조건 자기가 보기에 좋은 모습, 자기가 듣기에 좋은 소리, 자기가 바라는 행위만을 하길 바라니까요. 우리의 생각은 소용없어요. 아무리 좋은 것도 선생님 마음에 들지 않으면 쓰레기통에 쑤셔 박히는 거죠.

학생2 자연히 우리는 우리를 감출 수밖에 없어요. 본 모습은 자연히 사라지는 거죠.

아이들은 외칩니다.

학생1 차라리 묻지 마세요. 그냥 선생님 생각대로 하세요. 처음부터. 생각해보라고 하지 말고, 이건 어떠냐고 묻지 말고, 네 생각은 어떠니 묻지 말라고요!

오늘은 단순히 흘러가는 그런 날이 아닙니다. 오늘은 아이들에게 주어진 유일한 날입니다. 오늘은 아이들에게 주어진 신의 선물입니다. 루이 슈워츠버그Louie Schwartzberg의 이 말이 옳다면 아이들의 말에 귀 기울이지 않는 선생은 아이에게 주어진 신의 선물을 훼손하는 존재가 됩니다.

"제 생각엔 이 생각이 옳은 것 같은데요."
"내 생각대로 해!"
"제가 보기엔 이것이 더 나은 것 같은데요."
"내 생각대로 해!"
"제가 듣기에 이 소리가 더 좋은 것 같은데요."

"내 생각대로 해!"

아이들이 오랜 시간 토해낸 말들을 긁어모아 한 줄로 세웠습니다. 선생의 생각은 애들의 생각을 가두는 감옥이고, 묻어두는 무덤인 듯 보입니다. 아이들은 이해할 수 없습니다. 왜 묻고, 듣지는 않는지 말입니다.

누가 우리를
재우는데요?

　교실 문을 여는 순간 멈칫했습니다. 불을 켜지 않아 교실은 시커멓게 그을었고, 구부리고, 엎어지고, 기울어진 몸뚱이들은 제멋대로 여기저기 흩어져 있습니다. 폭격이라도 맞은 듯합니다. 어떻게 해야 할지 잠깐 망설여집니다. 이것저것 준비해온 보람이 슬그머니 사라집니다.

선생2 　다들, 피곤한 모양이구나?

　조심스럽게 한마디 건넵니다. 효과가 있었을까요? 여기저기 넘어졌던 몸들이 꿈틀댑니다. 다행입니다. 그러나 표정이 어둡습니다. 아이들은 왜 깨우느냐고 입을 대신해 얼굴이 묻습니다. 치켜뜨고, 반만 뜨고, 찌그려 뜨고, 한쪽만 뜬 눈들이 일제히 몰려듭니다.

학생1 아우, 선생님. 너무 졸려요.
학생2 과제하느라, 한 시간도 못 잤어요.

그러니 깨우지 말라는 협박입니다. 그리곤 다시 퍼집니다.

학생3 저 세수 좀 하고 올게요.

가끔 구석진 어느 곳에서 기특한 소리도 섞이지만 협박성 발언에 금세 묻힙니다. 그럼에도 용기를 내어 이 소리 저 소리 못 들은 척 교과서를 펼칩니다. 애들의 표정엔 짜증과 화, 그리고 분노가 뒤섞입니다. 물론 '너는 해라, 나는 잘란다.'라는 막가파들이 없는 건 아닙니다.

어린 시절, 숨을 곳을 찾기 위해 신발도 벗을 새 없이 마루로 뛰어올라 우당탕탕 뛰다가 어머니에게 야단을 맞았던 기억이 납니다. 할아버지께서 주무시고 계셨기 때문입니다. 할아버지 취침 시간 동안 집안일은 임시 휴전 상태가 되곤 했습니다. 어른의 생활에 불편함을 끼치는 것은 아랫사람의 도리가 아니었기 때문입니다.

할아버지께서 주무시는 시간이면 모든 것이 멈췄습니다. 놀이도,

웃음도, 수다도, 빨래도, 부엌일도, 마당일도……. 할아버지의 잠을 방해하는 일은 '큰일'이었습니다. 그래서 할아버지께서 주무시는 시간이면 어머니는 늘 우리의 작은 움직임에도 손가락을 당신의 입에 가져다 대시면서 소음 단속을 하시곤 했습니다.

수십 년이 흐른 지금 아이들 '잠'이 할아버지의 잠이 되었습니다. 그 누구도 건드릴 수 없는 그들만의 시간이 되었습니다. 아이들 잠을 건드리는 일이 '큰일'인 시대가 되었습니다. 잠을 건드리는 일은 '큰일'을 자초하는 일입니다. 아이들 '잠' 앞에서 수업은 갈 길을 잃습니다. 수업이 아이들의 '잠' 눈치를 살펴야 하는 시절입니다.

선생 아이고, 짜식들. 다 처자!

선생들은 애들 사정권을 벗어나 안전지대인 교무실에 들어와서야 마음에 담아두었던 이야기를 꺼냅니다. 애들 눈치 보기, 선생 생존 제1법칙입니다.

그러나 애들에게도 할 말이 없는 건 아닙니다. 잠잘 시간이 턱없이 부족하답니다. 야간자율학습, 학원, 과제, 평가 준비, 발표 준비, 가정학습, 인강……. 애들이 늘어놓는 잠을 빼앗는 것들의 면면을 보면 만만한 게 없습니다.

학생4 밤을 새도 할 수 없어요.

잠에 굶주려 있는 애들의 해명에는 그냥 흘릴 수 없는 안타까움이 진하게 묻어 있습니다.

학생5 우리도 수업 듣고 싶어요. 또 들어야 하고요. 근데 몸이 버티질 못해요.

아이들은 말합니다. 수업을 들을 수 없는 것은 자신들의 뜻이 아니라고, 어른의 과한 요구가 부른 참사라고 말입니다.

수업 종소리가
왜 짜증날까요?

애들은 수다를 떨면서도 연신 시계를 들여다봅니다.

학생1 몇 분 전이야?

학생2 10분!

학생1 아유, 쉬는 시간은 왜 이렇게 빨리 가는 거야.

비교적 긴 쉼이 허용되는 점심시간, 그럼에도 어딘가 구멍이라도 뚫린 듯 시간은 금세 사라집니다. 애들은 다가오는 수업시간에 진저리를 칩니다. 5분, 4분…… 짧아지는 시간에 숨통이 조이는 듯 컥컥댑니다.

선생2 왜들 그래, 수업 받으러 학교 온 거 아니야.

학생1 아유, 선생님은 좋으세요. 수업이?

선생2 …….

학생1 아니잖아요. 선생님이 싫은 수업이 애들이 좋을 리가 있어요?
훨씬 더 싫죠.

한마디 했다가 한 소리 들었습니다.

학생2 정말, 수업은 좋아하는 사람이 없는 것 같아요. 선생님도 싫어
하고 애들은 말할 것도 없고요. 그러니 수업이 재미있을 리가
없죠. 서로 짜증만 나는 거죠 뭐.

학생3 짜증 타임!

혜정이의 말에 민수가 한마디 보탭니다.

학생1 근데 선생님은 대 놓고 짜증낼 수 있지만 우리는 아니잖아. 우
린 감정을 숨겨야 되잖아. 싫어도 싫어할 수 없고, 기분 나빠도
그냥 웃어야 하고, 모든 걸 그런 것처럼 꾸며야 되잖아. 그게 정
말 고역인 거지.

학생2 그래, 맞아. 선생님이 하는 말에 억지로 고개 끄덕이고, 웃어주
고……, 정말 내가 지금 뭐하는 짓인가 싶을 때가 많아.

학생4 나도, 그래. 생각과 몸이 따로 놀아. 점점 연기만 느는 것 같지 않니?

학생3 그래, 맞아. 속이는 기술만 느는 것 같아. 시간이 흐를수록.

학생1 근데, 학교가 그런 생활을 부추기잖아.

학생2 그래, 억지 연기로라도 웃어주고, 박수쳐줘야 좋아하잖아.

학생3 그러고 보면 선생님들이 속물 같지 않니?

속물은 명성과 업적에만 관심을 갖는다고 알랭 드 보통 Alain de Botton 은 말합니다. 선생의 관심이 아이보다 권력을 위한 명성과 업적에 쏠릴 때 아이들 눈에 선생은 속물이 됩니다. 서민이는 못 볼 것이라도 본 양, 몸을 떨면서 눈을 깊게 감습니다. 온통 속물투성이라면서 말입니다.

"띠디디잉~ 디디딩~."

벨소리는 잠잠했던 학교를 뒤흔듭니다. 교무실도, 교실도, 복도도 일순간 화들짝 놀랍니다. 수업종이 울리면 여기저기서 앓는 소리가 납니다. 아이들 표정엔 순간 짧지만 강한 동요가 스칩니다. 자리에 기댔던 몸들이 잡아끄는 벨소리에 꿈틀댑니다.

학생1 아휴, 결국 올게 왔네. 아이. 증~말 싫다. 진심으로.

여기저기서 못마땅한 한숨이 터집니다. 기지개를 켜고 괴로움의 몸부림이 울렁입니다. 아이들이 토하는 불만 그득 담긴 불퉁거리는 말에서 수업이 이들을 얼마나 괴롭히는지 알 듯합니다.

학생2 아휴, 가보자. 연기하러. 피에로가 따로 있나?
학생3 근데, 우리 '○○'야. 아으 지인~짜 싫다.
학생2 그래? 명복을 빈다.

체념한 몸뚱이들이 하나둘 자리를 뜹니다. 표정은 빛을 잃고 처량합니다. 발걸음은 사슬에 묶인 듯 무겁습니다.

어린 시절이 생각납니다. 수업시간이 되면 선생님은 종을 치고, 현관으로 나오셔서 손짓하여 부르시곤 하셨습니다. 수업시간은 선생님이 아이들을 초대하는 시간이었습니다. 그러면 아이들은 땅바닥을 뒹굴던 그 모습 그대로 경쟁하듯 달려와 어미 품속을 파고드는 새끼들처럼 교실 품에 안기곤 했습니다.

이제 아이들을 수업시간에 초대하는 선생은 사라졌습니다. 교실은 서로의 일터일 뿐입니다. 선생은 선생의 일에만 몰두하고 아이들은 또 자신들의 일에만 관심을 쏟습니다. 서로의 일에 지친 일꾼들의 만남입니다. 서로가 반가울 리 없습니다. 차갑고 거칠고 퉁명스러운 건 당연합니다. 교실이라는 노동 현장은 애들에게 불리합니다. 선생이 강자

이기 때문입니다. 그래서 애들은 의문을 갖습니다.

"짜증나는 건 종소리가 아니라 선생님이 아닐까?"

아픔 2

차별적 시선

선생님,
성적이 낮은 게 우리 탓인가요?

학생1 왜, 그렇게 기웃기웃거려. 정말 보기 싫어.

학생2 그래, 맞아. 그것도 이상한 표정을 지으면서.

학생1 '우리'에 갇힌 무슨 동물이 된 기분이야.

　　몇몇 아이들이 선생에게 단단히 뿔이 난 모양입니다. 선생들이 재수 없답니다. 자기들을 대상화해 전시물로 만들고 있다면서 말입니다.

학생1 정말, 신경 쓰이지 않니? 너 그 ○○선생님 표정 봤어? 그 능글 능글한.

학생2 응, 알아. 근데 ○○선생님은 더해. 그 비아냥거리는 듯한 표정

봐. 정말 재수 없잖니?

학생1 그래, 그 선생님들이 자습 감독하는 날이면 다 포기해야 돼.

자습시간에 선생들이 자습 감독한답시고 돌아다니는 모습이 마치 자신들을 대상으로 여행하는 구경꾼 같답니다.

학생1 그러니까 그 선생님들은 우리를 위해 돌아다니는 게 아닌 거네. 뭐 여행하는 사람이 관광지에 있는 구경거리를 위해 다니는 거 아니잖아.

학생2 그렇지. 그 선생님들 마음에 우리는 없는 거야. 단순히 구경의 대상일 뿐인 거지.

서로의 말에 아이들은 서로를 바라보며 슬픈 미소를 짓습니다.

학생3 그래, 선생님들은 쟤들 선생님이야. 우리 선생님이 아니라.

아이들 시선은 일제히 특별반으로 향합니다. 성적이 아이들 삶을 가르는 표준이 되었습니다.

학생1 그럼. 우린 선생님도 없는 거네?

학생2 얘, 바랄 걸 바래라. 밑바닥을 누가 쳐다나 본다니? 아마 창피하게 여길 걸.

학생3 그러면서 선생님들은 우리를 돌봐준다고 생각하잖아.

학생2 설마, 양심이 있지.

학생1 그냥 구경만 하는 거야. 이 반 저 반 어슬렁거리면서. 여행하듯.

학생2 그럼, 슬럼 투어 하는 거네.

애들의 이야기는 끝없이 이어집니다.

학생3 슬럼 투어?

옆에 있던 다빈이가 묻습니다.

학생2 어, 있잖아. 빈민들의 삶을 둘러보고 체험하는 여행. 물론 슬럼
주민들에게 도움이 되기도 한다지만 나는 가난한 사람들의 삶
을 상품화하는 여행업계의 상술이 마음에 들지 않더라고.

학생3 그럼, 우리가 빈민인 거야?

학생2 뭐, 그런 거 아니야. 성적 높은 애들만 바라보는 선생님들 눈에
우린 가난하고 비천한 존재인 거지.

성적은 자신들과도 밀접하게 연관되어 있기 때문에 학생으로서의
일을 넘어 자기 자신이기도 합니다. 그러므로 성적에 대한 차별과 배

제는 아이들에 대한 차별이고 배제입니다.

학생3 갑자기 슬퍼져.

차별과 배제는 교육의 장에서 사라져야 할 추악하고 부끄러운 일입니다.

학생3 …….

선생이 아이를 성적으로 판단하겠다고 하면 그는 선생이 아닌 폭군입니다. 아이들은 하나둘 입을 다뭅니다. 그리고 가슴으로 묻습니다.

"선생님, 성적이 낮은 게 우리 탓인가요?"

아이들마다 가지고 있는 능력이 다른데 특정 능력만을 평가해서 가난하다는 딱지를 붙이는 게 옳은 것인지 묻습니다. 자신들의 능력은 돈이 되지 않는다는 이유로 외면하고 돈이 되는 능력만 능력으로 인정하는 것이 공정한 시선인지 궁금해 합니다.

선생님을
어떻게 부를까요?

희수가 양손을 주머니에 쑤셔 넣은 채 의자에 누운 듯 앉아 불만스레 다리를 흔들어 댑니다. 뭔가 불쾌한 일이라도 있는 모양입니다.

선생2　희수구나.

아는 척 다가섰습니다. 인사도 하는 둥 마는 둥 눈도 마주치지 않습니다. 그냥 지나치기 뭣해서 옆에 자리를 잡았습니다. 그제야 허리를 폅니다. 자세히 보니 눈가가 촉촉합니다. 눈물이 고였습니다. 잠깐의 침묵이 흐른 뒤 희수가 입을 엽니다.

학생1 전, 제가 왜 이런 대접을 받아야 되는지 모르겠어요.

선생2 ······.

몇 번을 망설이고, 선생이 비는 시간을 살펴서 어렵사리 선생을 찾았답니다. 그런데 선생은 희수를 밀쳐냈습니다.

선생 넌 다음에 오고 숙영이 좀 불러와라.

보자마자 선생님은 숙영이를 찾았습니다. 정말 기가 막히고, 분하고, 화딱지가 치밀어 올라 다리에 힘이 풀리더라는 희수, 희수의 입술이 살며시 떨립니다.

학생1 뭐든 숙영이 우선이에요. 그리고 더 기분 나쁜 건, 항상 저를 부를 땐 '너', '얘'라고 불러요. 이름을 부르는 걸 들어본 기억이 없어요. 숙영이는 분명 이름을 부르면서.

희수는 자신이 선생의 관심 밖이라는 사실이 속상합니다. 더욱 가슴 아픈 일은 자신의 이름이 불리지 않는다는 사실입니다. 기억되지 않는 이름을 생각하면 너무너무 슬프답니다. 마치 무심한 이들의 발길에 짓밟혀 땅 속 깊숙이 박혀 사라져버린 것 같다면서 입술을 깨물었습니다.

적어도 선생에게 희수라는 존재는 없습니다.

고개 숙인 희수의 모습을 보면서 오래 전 학창시절이 떠오릅니다. 새 학기, 친구들은 어느새 서로에게 품었던 격의를 풀고 가까워졌습니다. 그러던 어느 날 담임 선생님은 언젠가 적어낸 가정환경 조사서를 보시면서 아이들을 한 명 한 명 앞으로 부르셨습니다. 불려나간 애들은 간단한 호구조사를 마치고 자리로 돌아왔습니다. 한참 면담을 진행하시던 선생님은 갑자기 부르기를 멈추시더니 '이건 잘못 왔네, 우리 반이 아닌데 왜 여기 껴 있지?' 혼잣말인지 우리에게 하시는 말씀인지 헷갈릴 정도의 크기로 말씀하시곤 계속 면담을 이어가셨습니다.

면담을 끝내신 선생님은 여러 가지 당부의 말씀을 하시곤 실장에게 눈짓하셨습니다. 인사를 하라는 거였습니다. 그때였습니다.

"선생님, 얜 부르지 않으셨습니다."

창가 쪽에 앉아 있던 친구가 자기 짝을 가리키면서 외쳤습니다. 순간 담임 선생님은 뭔 소리냐는 듯이 말씀하셨습니다.

"누군데?"

담임 선생님은 그 아이의 존재를 몰랐던 겁니다. 이름을 보고도 자신의 반 아이인 줄 모르고 다른 반 아이 것이 잘못 끼워진 줄로만 알았던 겁니다. 반 친구들의 시선이 일제히 담임에게로 쏠렸습니다. 그리곤 담임에게 쏠렸던 시선이 다시 친구를 향했습니다. 그 친구는 고개를 깊이 떨구고 얼굴이 시뻘겋게 달아올라 어찌할 줄을 몰라 했습니다.

희수를 보면서 그 친구가 떠오릅니다. 희수는 도무지 이해가 안 됩니다. 어떻게 선생이 아이와 낯선 존재로 살아갈까? 심지어 이름조차 모를까? 그리고 희수는 묻습니다.

학생1 저는 선생님을 어떻게 불러야 할까요? 당신, 거기, 어이……?

이름을 부르는 것은 존재에 대한 인정입니다. 부르지 않는 것은 존재를 부인하는 겁니다. 아이들이 선생을 어떻게 불러주었으면 좋은지요? 애들의 물음에 답해야 합니다.

왜 내가
쟤처럼 살아야 하죠?

학생1 아이, ㅅㅂ 존× 재수 없어!

선생2 성현이, 뭔 일이야. 왜 그렇게 말이 거칠어!

성현이는 놀란 표정으로 머리를 긁적이며 급히 자리를 뜹니다.

학생2 요전 시간에 한마디 들어서 그래요.

같이 있던 동수가 성현이를 대변합니다. 무슨 일이 있었냐는 표정
에 동수가 말을 잇습니다.

학생2 ○○선생님이 '그래 가지고 대학이나 갈 수 있겠냐?'면서 한참
을 설교했거든요. 그 많은 애들 앞에서. 그것도 다른 애들과 비
교해 가면서요. '얘', '쟤' 막 끌어다 비교하면서 업신여기니까 삑
이 간 거죠.

동수는 성현이의 마음을 충분히 이해한다면서 선생이 지나쳤다는
관전평을 늘어놓았습니다.

학생3 맞아요. 다른 애들과 비교하는 건 정말 아니라고 봐요. 그냥 열
심히 하라고 하면 되지 굳이 '누구는 어떤데, 너는?' 이런 식으
로 얘기하면 정말 돌아버려요. 왜 내가 걔처럼 살아야 되냐고
요. 정말 어처구니없는 일이죠. 사실, 그렇게 말하는 그 선생님
도 최고가 아니잖아요. '다른 선생님은 어떤데 왜?' 그러면서 다
른 선생님을 끌어와 비교하면 좋겠어요?

지나가다 동수의 이야기를 듣고 있던 휘성이가 말을 보탰습니다.
잠깐 사이에 주변엔 대여섯 명의 청중이 모였습니다. 그리고 한마디씩
건넵니다.

학생3 우리도 선생님들 평가 많이 해요. 인강 들으면서 느끼거든요.
아니면 학원선생님과도 비교되는 경우가 많아요. 근데 우린 선

생님 앞에서 다른 선생님들 들먹이면서 비교하지 않거든요. 좀 부족하게 느끼면서도 선생님으로 대접한다고요. 근데 선생님들은 툭하면 '누구는 어떻고', 또 '누구는 어떤데', '너는 왜 그 모양이냐'는 식이에요. 그리고…….

아이들의 말은 계속됩니다.

학생4 …… 다른 학교 애들과도 이야기 많이 해요. 사실 욕도 많이 하고 흉도 많이 보죠. 그런데 자랑을 더 많이 해요. 우리 학교 이런 선생님 계신데 정말 좋다고. 사실 자랑할 거리가 없어도 만들어서라도 하는 경우도 있거든요. 다른 학교 친구들이 자기 학교 선생님 자랑하면 자존심 상하거든요. 그래서 꾸미기도 해요. 그런데 선생님들이 우리를 비하하는 걸 보면 정말 배신감이 드는 게 사실이에요.

비교하는 선생에 대한 아이들의 성토는 끝이 없습니다. 그러면서 '누구처럼'이 아니라 '나처럼' 살 거라는 다짐을 주고받습니다. 누구처럼, 누구를 닮고자 하는 것만큼 추한 것은 없습니다. 그것은 누구에게 종속되는 일이니까요. 삶은 개성입니다. 누구를 닮거나 따를 수 없는 그만의 독특한 능력입니다. '누구를 보라'라는 말이 '너를 버려라'라는 말로 들리는 건 듣는 귀가 부족해서일까요?

"넌, 왜 이 모양이냐, 걔 좀 봐라 짜식아! 대충 찍어도 이것보다 낫겠다. 에이~ 한심한 놈!"

'왜'라는 물음은 아이들의 가슴을 후빕니다. 귓전을 파고들어 가슴을 할큅니다.

"왜, 내가 쟤처럼 해야 되죠?"
"남들과 다른 나만의 삶이 나쁜 삶인가요?"
"죄냐고요!"

아이들 물음에 답이 필요합니다. '쟤처럼'을 외칠 때 아름다움은 훼손됩니다. '쟤처럼'은 무엇이 정상인지, 무엇이 나은지 헤아려 답을 제시하는 일이기 때문입니다. 아이들은 자신만의 존재 방식이 있습니다. 이것이 모든 존재가 아름다운 이유입니다. 아름다움이 세상을 구원할 것이라는 도스토옙스키Fyodor Mikhailovich Dostoevskii의 말을 빌리지 않더라도 아이들의 삶을 함부로 재단할 수는 없는 일입니다.

우리가
창피한가요?

어느 날 복도 벽에 붙여놓은 졸업생들의 사진을 뚫어져라 보고 있는 동섭이와 석주를 만났습니다.

선생2 이제, 너희들 사진이 붙을 차례구나.

학생1 아, 네 선생님. 근데, 저는 여기에 낄 수 없어요.

학생2 그래요. 저흰 낄 수 없죠. 자격이 안 돼요.

선생2 아니, 그게 무슨 소리니? 자격이라니?

동섭이가 안타깝다는 듯 이야기를 합니다.

학생1 교문에 자격 조건을 붙여놓았잖아요. 졸업 자격 조건요.

어두운 갱도라도 들어선 듯 아이들의 말은 점점 더 어둠 속으로 빠져듭니다. 그때 석주가 손을 뻗어 교문 쪽을 가리키며 외쳤습니다.

학생1 못 보셨어요? 교문 위에 걸려 있는 현수막을요?
선생2 아아, 그거 봤지.
학생1 그게 조건이에요. 졸업 조건.

애들이 말하는 현수막엔 속칭 일류대에 입학한 학생 수가 적혀 있습니다. 애들은 그들만이 졸업생이 아니냐고 말합니다. 성적이 낮으면 졸업생으로 인정받을 수 없다는 거였습니다.

학생2 200여 명이 함께 다녔어요. 3년을요. 그런데 걔네들만 졸업한
          거고, 대학에 간 거죠. 나머진 아닌 거고요. 그냥 투명인간인 거
          죠. 아예 실패자이기도 하고요.

나머지야 이 학교를 다녔는지, 졸업했는지 관심조차 없다는 겁니다.

학생1 학교나 선생님들은 우리 같은 애들이 이 학교를 다녔다는 걸 창
          피하게 여겨요. 우리가 입학한 대학도 창피한 거고요.

학생2 네, 그래요. 우리가 이 학교를 다녔다는 사실이나 우리가 입학한 학교를 당당하게 밝히지 못하는 이유가 뭐겠어요. 왜 우릴 감추겠어요. 우리가 창피한 거죠.

그래서 석주와 동섭이는 이 학교 나왔다는 걸 잊고 지내는 게 좋을 것 같답니다. 이 학교를 졸업했다는 이야기를 하고 싶지도 않답니다. 자신들의 존재를 인정하지 않는 학교를 굳이 기억하고 싶지 않다면서 말입니다. 그래서 졸업생 사진 속에 굳이 섞일 까닭이 없답니다.

학생1 오히려 선생님들이 이 학교를 졸업했다는 걸 이야기하지 않기를 더 바랄지도 몰라요. 지방대학에 다니는 게 얼마나 창피하겠어요. 그냥 아무 말 없이 지내길 바라겠죠. 입을 열면 학교 명예를 더럽히는 일이라고 여길 걸요.

아이들의 생각엔 학교에 대한 섭섭함이 진하게 묻어났습니다.

학생2 우리 학교라 여기고 우리 선생님이라고 생각하면서 지냈는데 이젠 그 '우리'에서 삭제된 것 같아요. 분위기만 어지럽히는 존재니까요.
학생1 맞아요. 그게 학교나 선생님의 뜻에 맞는 일이기도 하고요.

다음 날에도 여전히 일류대 입학생 수가 적힌 현수막이 교문 높이 고개를 빳빳이 들고 있습니다. 그 아래로는 수많은 아이들이 들락거립니다.

학생1 연말이 되면 모든 학교에서는 각자 만든 '물건'을 대학이라는 시장에 내놓잖아요. 눈에 잘 띄도록 각종 치장을 해서요. 그러다 선택받지 못한 물건은 곧바로 폐기 처분하고요. 저희가 폐기된 물건인 셈이죠.

아이들이 머무는 학교라는 공간은 늘 성적이 높은 아이들을 중심으로 작동됩니다. 학교나 선생의 시선도 그들 주변을 맴돕니다. 아무리 세월이 흘러도 학교는 성적 높은 아이들의 공간이고, 선생은 성적 높은 아이들을 위한 존재라는 슬픈 진리는 바뀌지 않습니다.

학생2 선생님은 왜, 노력으로도 안 되는 게 있다는 사실을 애써 감추는지……. 낮은 성적의 원인으로 오직 노력 부족만을 그토록 주문처럼 외워대는지……, 지난 3년이 끔찍해요.

바닥을 기는 성적, 지방을 헤매는 성적표는 게으른 존재의 증명이고, 그 성적표를 가슴에 단 아이는 학교 이미지만 실추시키는 파렴치한 존재가 됩니다.

학생1 학교나 선생님들은 오직 학교의 이미지만 좇을 뿐이죠. 정작 아
       이들의 실상에는 무심하고 무지해요.

이제 일류대 입학생만 축하하는 이유를 선생들은 설명해야 합니다.
그것이 '교육'이라는 미명하에 이루어지는 선생의 행위를 정당화하는
길입니다.

우리는
보이지 않나요?

학생1 정말 기대가 컸거든요. 공부도 열심히 하고, 친구들도 많이 만
　　　　나고……. 아름다운 추억도 많이 만들고.

　그런데 뜻과는 다르게 펼쳐지는 학교생활이 적잖이 당황스럽답
니다.

학생1 특히 공부가 말썽이에요. 열심히 하느라고 하는데 성적이 오르
　　　　지 않는 거예요. 정말 스트레스예요. 잠도 안 오고. 근데 문제
　　　　는 여기서 끝이 아닌 거죠. 주변의 관심도 서서히 줄기 시작하
　　　　더라고요. 성적과 비례하는 것 같아요. 정말 속상해요. 그래도

지금까지는 버티고 있는데 언제까지 견딜 수 있을지 저도 잘 모르겠어요.

식어가는 관심, 거두는 시선들이 더 참기 힘든 고통이랍니다.

학생1   사실 어려울 때 누군가의 손길이 필요하잖아요. 그런데 상황은 반대로 흐르는 거예요. 어려워지니까 친구들의 발걸음도 줄고, 선생님 시선도 어쩌다 길을 잘못 들면 잠깐 스치는 정도고요. 이때부터인 것 같아요. 학교를 그만두고 다른 길을 찾아봐야겠다고 마음먹은 게요.

몸은 학교에 있지만 마음은 교문 밖을 서성인지 꽤 오래랍니다.

학생1   사실 학교에 오는 이유 중에는 혼자만의 힘으로 할 수 없는 일들이 많기 때문에 도움을 받기 위해서잖아요. 근데 도움을 받기가 쉽지 않아요. 일단 선생님들은 성적 높은 아이들을 중심으로 움직이니까요. 저 같은 애들에게까지 줄 관심이 남아 있을 리 없죠. 그래서 굳이 내가 여기에 있을 이유가 없겠다 싶은 거죠.

아이들의 가치는 대학이 내세운 조건에 의지합니다. 사회가 부여한 일류 브랜드의 로고가 새겨진 대학이 요구하는 조건을 갖춘 아이들은 귀한 대접을 받지만, 그렇지 않은 아이들의 삶은 힘겹습니다.

선생2 그래도 힘든 시간 잘 견디고 있구나!

학생1 네, 친구들 도움이 컸어요. 그래도 저에게 관심 가져주는 친구들이 몇 명 있거든요. 그 친구들이 제가 버틸 수 있는 큰 힘이에요. 얼마나 다행인지 몰라요. 정말 친구들이 아니었다면 짐을 싸도 열두 번은 더 쌌을 거예요.

함께 있던 유은이도 같은 고민을 털어놓습니다.

학생2 저도 은지와 비슷해요. 일단 성적에서 밀리니까 관심도 밀려요. 관심은 성적순이거든요. 작년엔 1년 동안 선생님과 이야기한 시간이 채 한 시간도 안 될 것 같아요. 공적인 이야기를 빼고 온전히 저를 주제로 나눈 이야기 시간만 따지면 말이에요.

학생1 정말 그래요. 선생님들은 우리 한 사람 한 사람을 독립된 존재로 보는 게 아니고, 전체를 하나의 존재로 보는 것 같아요. 선생님들은 보통 우리를 대할 때 개별적 특성에 대한 고려 없이 대하거든요. 그러니까 한 사람 한 사람에겐 그다지 관심을 두지 않죠. 전체를 하나로 뭉뚱그리죠. 물론 특별히 관심을 받는 애들이 없는 건 아니지만요.

다양한 군상들이 모여 있는 학교지만 누가 어떤 존재인지 쉽게 알수 없습니다. 오직 성적만으로 구분될 뿐 다른 특성은 자연스럽게 묻히기 마련입니다.

학생2 학교는 오직 서울대잖아요. 그 밖의 대학은 그리 관심이 없어요. 그러니까 서울대와 거리가 멀수록 관심도 멀어지는 거죠.

학생1 소외감을 느끼는 건 당연해요. 관심 밖으로 밀리니까 그냥 뭐 학교에 대한 애정도 생기지 않고. 왜 그렇잖아요. 자기에게 관심을 두지 않는 자리에 가면 어색하고 불편한 거요. 학교가 꼭 그래요. 관심을 주는 사람이 없으니까, 와서는 안 될 곳에 온 것 같고. 내 자리가 아닌 것 같기도 하고. 빨리 일어서고 싶고. 그래서 더 떠나고 싶은 생각이 드는 거죠.

학생2 어쨌든 학교에만 오면 뭔가 답답해요. 사방이 꽉 막힌 느낌, 뭐 그래요. 가슴을 뭔가 짓누르고 있는 느낌도 들고요.

선생과의 인간적 교류가 끊어지고 통행로가 막히면 아이들은 빠져나갈 통로를 찾게 마련입니다.

아이들 이야기를 들으면서 오래 전 학교를 떠난 아이들이 떠올랐습니다. 새 학기가 시작되고 서로에 대한 서먹함이 사라져 가던 어느 날이었습니다. 아침 조회 시간에 두 명의 아이가 보이지 않았습니다.

"네! 분명히 아침에 학교에 간다고 갔는데요."

"……."

연락을 받은 어머니는 놀란 듯 떨리는 목소리로 말을 잇지 못했습니다. 아이들의 결석은 계속되었습니다. 아무리 수소문하고 갈 만한 곳을 샅샅이 뒤져보았지만 헛일이었습니다. 일주일이 다 되어갈 때쯤 한 시간 사십여 분 거리에 있는 인근 도시에 아이들이 있다는 사실을 알았습니다. 중국집이었습니다. 찾아가 주인에게 사정을 이야기하고 집으로 데려왔습니다.

그러나 하루를 버티지 못했습니다. 잡아오면 튀었습니다. 그러기를 수십 번, 같은 일이 반복되던 어느 날 아이들은 또다시 집을 나갔습니다. 중국집에서 잡아온 지 보름여가 흐른 뒤입니다. 다시 수소문이 시작되었습니다. 종적이 막막했습니다.

안타까움과 화, 그리고 짜증과 걱정 등이 뒤섞여 수업조차 편히 할 수 없었습니다. 불안한 마음으로 동동거리며 지내던 어느 날 아이들의 어머니가 찾아왔습니다. 큰 죄라도 지은 양 잔뜩 웅크린 모습입니다.

"죄송해요……."

어머니는 고개를 들지 못했습니다. 아이가 서 있어야 할 자리에 어머니가 서서, 아이가 해야 할 말을 어머니가 하고 있었습니다.

"속 썩여드려서……."

채 말을 맺지도 못하고 어머니는 눈물을 흘렸습니다.

"더 속 썩지 마시고……."

한참 후 어머니는 자퇴를 이야기했습니다. 그렇게 아이들은 짧은 학교생활을 마치고 떠났습니다. 그리고 그 사건은 세월 속에 묻혔습니다. 새로운 아이들과 새로운 사건들로 삶이 채워졌습니다.

그러던 어느 날, 점심 후 나른함에 축 처져 있던 교무실 문이 열리더니 건장한 청년 둘이 들어섰습니다. 풀어졌던 교무실 분위기가 잠깐 긴장감에 흔들렸습니다. 모두의 시선을 받으며 등장한 그들의 입에서는 내 이름이 불렸습니다. 그리곤 주변 선생님들의 가리킴에 따라 내게로 다가왔습니다.

"선생님, 저희 기억하시겠어요?"

수년 전 그때, 그토록 찾았던 그 아이들이었습니다. 이름을 듣고서야 어렴풋이 기억이 났습니다.

"어, 그래, 너희구나!"

반가움에 손을 내밀자, 성년이 된 아이들은 허리를 깊이 접어 인사를 건넸습니다.

"안녕하셨어요?"

다 큰 아이들은 말을 잇지 못했습니다. 목이 메는 모양입니다. 가끔씩 천장을 바라보며 붉어지는 눈시울을 식혔습니다. 곱게 포장한 엷은 분홍빛 와이셔츠 한 장, 그리고 그 위에 '죄송합니다. 건강하세요'라는 말을 얹어놓고 그 아이들은 떠났습니다. 어머니가 남기고 간 '죄송하다'라는 말을 아이들도 똑같이 남겼습니다.

지금 선생의 무관심에 흔들리는 아이의 이야기를 들으면서 아이가 학교를 떠난 것은 선생 탓임을 깨닫습니다. 머리를 조아려야 할 이는 부모가 아니라 선생임을, 죄송해야 할 이는 아이가 아니라 선생임을 알았습니다.

　　갚지 못할 빚입니다. 영원히 갚지 못할 마음의 빚입니다. 따갑게 내리쬐는 햇살 아래에서 뛰어 노는 아이들 틈으로 사라져간 '그때, 그 아이들'의 뒷모습이 눈물에 가립니다.

　　"우리는 보이지 않나요?"
　　"우리도 봐주세요."

　　투명인간이 되어가는 자신을 봐달라고 외치며 유은이와 은지는 풀죽은 모습으로 자리에서 일어섰습니다.

선생님은 규정을
지키지 않아도 되나요?

　　점심 후 만난 혜진이. 배가 아프다면서 복도 의자에 웅크리고 있습니다. 혜진이 옆에서 혜진이의 손을 조몰락조몰락 주물러주는 서현이의 손길이 예쁩니다. 등교시간에 쫓겨 아침을 거른 상태에서 점심을 허겁지겁 먹은 것이 화근인 것 같답니다.

학생1　아침부터 전쟁을 치렀어요.

　　늦을 경우 돌아오는 온갖 구박이 두려웠기 때문이랍니다.

학생1　구박도 견디기 힘든 일이지만 무엇보다 아침부터 그 선생님과

부딪혀야 한다는 사실이 더 싫어요. 끔찍한 일이거든요.

이것이 지각할 수 없는 가장 큰 이유랍니다. 선생의 얼굴을 마주하기 싫은 것이.

학생2 근데 웃기는 건 뭔지 아세요? 선생님은 시간 어기기를 밥 먹듯 한다는 거예요. 그건 대체 무슨 경우죠? 그것도 수시로 늦어요. 그러면서도 늘 떳떳하죠.

학생1 네, 그래요. 수업 시작종이 울리고 시간이 한참 흐른 늦은 시간에 문을 발로 쭉 밀면서 들어와요. 와! 그 당당함과 뻔뻔스러움, 죽여줘요. 정말 어이없지 않아요? 그런 사람이 1년에 한두 번 있을까 말까한 아이들 잘못에 대해서는 아주 냉혹해요. 자신은 예외라는 전형적인 꼰대의식이죠.

서현이는 얼굴을 찡그리며 주먹을 쥐고 머리를 쥐어박는 시늉을 합니다.

학생2 애들의 지각은 탓하면서 자신의 지각에는 한없이 자비로워요. 자신의 행동을 재는 잣대는 아예 없거든요. 고삐 풀린 망아지가 따로 없죠. 눈치라도 있으면 다른 사람들의 시선이라도 의식할 텐데 그것도 실종된 지 오래예요.

학생1 실종은 무슨. 아예 처음부터 없었던 것 같아요. 있는 거라곤 다른 사람들 평가하고, 흠잡고, 비난하고, 나무라고, 훈계하는 눈과 입만 살아 있을 뿐이죠. 정말 가증스러워요.

혜진이가 쏟아내는 선생이라는 존재의 추한 행태는 선생이라는 가면을 쓴 채 홀로 고상한 척 생활하는 것은 아닌지 돌아보게 합니다.

학생2 선생님들은 자신을 바라보는 눈과 애들을 바라보는 눈이 달라도 너무 달라요. 애들이 뭐 작은 일 하나라도 어기면 가차 없잖아요. 아이들을 바라보는 선생님들은 피 냄새에 반응하는 상어 같아요. 애들은 졸지에 이리저리 뜯기는 먹이가 되는 거구요. 아니 선생님에게 제일 중요한 게 수업 아닌가요? 등교 시간에 늦는 게 칭찬들을 일은 아니지만 다른 사람들에게 큰 불편함을 주는 일은 아니잖아요. 그러나 수업은 어떤가요? 매시간 그 선생님이 들어가는 반마다 조금씩 늦는다고 생각해 보세요. 그 피해는 엄청나죠. 그 피해는 고스란히 아이들 몫이잖아요. 그래도 늘 떳떳해요. 종소리에 따라야 하는 건 학생들만의 도리일 뿐, 선생님과는 무관한 일이라는 거죠. 몰염치가 따로 없어요.

서현이의 말이 매섭습니다.

학생1 그러면서도 늘 시간을 지키라고 난리예요. 아니, 선생님 없는 교실에 왜 아이들만 들어가라고 야단인지 모르겠어요. 빈 교실에 들어앉아 있어야 할 이유가 대체 뭐죠? 저는 선생님이 먼저 교실에 가 있는 게 옳다고 봐요. 그러니까 선생님이 애들을 맞이해주는 교실이어야 한다는 거죠. 왜 매시간 아이들이 먼저 들어가 있어야 하는 건지 모르겠어요. 이러한 의식도 학생과 선생님을 주종관계로 보는 꼰대의식에서 기인한 거라고 봐요. 기다리는 것은 아랫것의 도리고 아이들은 아랫것이니까 아이들이 기다리는 것이 맞는다는 거 아니겠어요.

'주종관계?' 내 표정이 좀 일그러졌나 봅니다. 얼른 혜진이가 까닭을 이야기합니다.

학생1 선생님은 무조건 따르라는 식이잖아요. 따르지 않으면 엄청난 불벼락이 떨어지고, 조금이라도 뜻을 거스르면 강압적으로 움직이게 하고, 마음에 들지 않으면 트집을 잡아 따지고, 대꾸라도 하면 비난성 질책이 수십 분 이어지고, 저희 처지가 종과 뭐가 다르나요? 종도 상종이죠.

들고 보니 혜진이 말이 일리가 있습니다.

학생1 어쨌든 저는 선생님들은 되고 애들은 안 된다는 꼰대의식을 가
　　　　지고 애들 앞에 서는 것은 선생님이기 전에 인간으로서의 도리
　　　　가 아니라고 생각해요. 애들 앞에 설 자격이 없는 거죠. 그런데
　　　　그런 사람들이 애들 앞에 득실득실하다는 게 문제예요. 비극이
　　　　죠. 그러니 애들의 생활이 얼마나 불편하겠어요. 정말 애들 수
　　　　난시대예요.

애들은 선생에게 묻습니다. 뼛속까지 예외 의식으로 무장된 몰염치
족은 아닌지, 애들을 고치려 하기 전에 선생이 먼저 달라져야 하는 것
은 아닌지 말입니다.

"선생님은 예외예요?"

규정에서 예외라면 대우에서도 예외적 존재가 되는 게 옳지 않을까
요? 선생이 자신의 도리는 외면하면서, 아이의 도리에만 목청을 돋우
는 것은 두꺼운 낯에 철판을 덧입혀 몰염치를 보강하는 일입니다.

애들이 자는 게 아니라
선생님의 열정이 자는 건 아닐까요?

선생 너, 학교 자러 왔냐?

선생 잘 집이 없어 학교까지 와서 자냐?

선생 정신 좀 차려라. 너희들이 지금 잘 때냐?

선생 잠이 온다니, 참 마음도 편하다. 니들.

선생 총소리 안 들리냐. 다른 학교 애들이 쏴 대는, 전쟁 통에 잠이라
　　　　니! 니들 배포 하나는 알아줘야겠다.

선생 뭔 초능력이라도 지녔냐. 잠자면서도 뛰는 애들 쫓아갈 수 있는.

　'잠.'

　수업에 들어오는 선생마다 공통적으로 하는 말이랍니다. 거의 모든

선생이 교실이 수면실이냐면서 난리라네요.

학생1 근데, 사실 선생님들도 자잖아요. 교무실에 갈 때마다 자고 있
는 선생님을 자주 보거든요. 엄격히 말하면 근무 시간에 자는
거잖아요. 그럼 안 되는 거고. 그래도 우린 피곤하신 모양이구
나 생각하고 말거든요. 그런데 우린 어떤가요? 눈이 조금이라
도 빛을 잃었다 싶으면 점수 날아가죠, 호통 날아오죠, 비아냥
은 덤이죠. 정말 난리굿도 아니잖아요.

학생2 그리고 선생님은 수업이 없어 잘 수 있는 시간이라도 있죠. 우
린 피곤을 달랠 수 있는 단 10분의 여유도 없어요. 쉬는 시간이
라고 해봐야 교실 옮기고, 준비물 챙기고, 때로는 옷 갈아입기
도 부족한 걸요.

학생1 그런데요, 선생님, 웃기는 게 뭔지 아세요? 시간에 따라 몸의 반
응이 다르다는 거예요. 수면 강도나 빈도가 수업마다 달라요.
물론 오전 오후처럼 하루 중 언제인지도 영향을 주지만, 교과의
영향이 더 큰 것 같아요.

학생2 더 정확히는 선생님마다 다른 거죠. 유독 잠을 더 부르는 선생
님이 있어요. 인간 수면제 같은 분 말예요.

그런데 그런 선생일수록 수업 시간의 잠에 민감하답니다. 잠을 자
도록 잠자리를 펴놓고 잠을 탓하는 격이라면서 아이들은 그를 몰염치

한 선생이라고 말합니다.

학생1 수업을 대충 때워요. 귀담아들을 내용도 눈여겨볼 것도 없거든
요. 차라리 다음 시간을 위해 체력이라도 비축하는 편이 낫죠.
애들의 잠은 그런 마음에 대한 자연스러운 반응인 거죠.

학생2 그러면서 애들 잠 타령하는 건 웃기지 않아요? 그 시간은 완전
푹 삭는 시간이거든요. 발효를 넘어 완전 썩는 시간요.

학생1 만일 정말 열심히 뛰어다니시면서 열정적으로 수업하시는 선
생님 앞에서 잔다면 그건 야단맞아 마땅하다고 생각해요. 그런
시간에 자는 애들이 있을 수도 없겠지만요. 잔다고 해도 무척
죄책감이 들겠죠. 잠이 와도 참으려고 노력할 테고요.

학생2 근데 그런 분을 만나기가 쉽지 않아요. 모든 조개가 진주를 품
지 않잖아요.

그런데 열정도, 성의도 없는 선생이 '딴짓'을 규정하고 나무라는 건
이해하기 어렵답니다.

학생1 우리와 눈을 마주치고 진심을 다해 다가서는 선생님을 보면, 우
리도 힘이 나요. 눈이 감기질 않죠. 그런데 정성도 없고, 열정도
없고, 실력도 의지도 없고, 애들에 대한 관심도 애정도 없으면
그건 수면제죠.

학생2 그래서, 이젠 수업시간에 자는 게 이상하지 않아요. 선생님에 대한 죄책감도 들지 않고요. 선생님의 열정이 식은 뒤 찾아온 부작용이라고 생각해요.

학생1 언제부턴가 선생님에 대한 기대가 사라졌어요. 전에는 수업 시간이 설레었는데 지금은 그런 두근거림도 없어요.

기대가 사라지고 설렘이 자취를 감춘 건 기대를 걸고 설렘을 일으킬 선생님의 열정이 사라진 탓이 아닐까 싶습니다.

학생1 선생님이 열심히 수업하지 않는 건 선생님이 '딴짓'하는 것 아닌가요?

학생2 열정이 없다는 건 선생님이 수업 중에 '자고 있다'는 의미 아닐까요?

아이들의 '딴짓'을 나무라고 '잠'을 탓하기 전에 아이들의 질문에 대한 답이 필요합니다. 잠자는 선생 앞에서 눈 뜨고 있을 이유는 없을 테니까요. 열정을 피하는 사람은 서서히 죽어가는 사람이라고 브라질 출신의 시인인 마샤 메데이로스Martha Medeiros는 말합니다. 아이들에게 눈을 부라리기 전에 먼저 자신의 맥을 짚어보는 것이 순서입니다.

존엄함을 팔아
돈과 권력을 좇는 삶이 옳은가요?

동현이는 요즘 아버지와 전쟁 중이랍니다. 총성 없는 침묵의 전쟁
을 몇 달째 이어오고 있다면서 한숨짓습니다.

학생1　아버지는 제가 하고 싶은 걸 좋아하지 않으세요. 돈벌이가 되겠
　　　　냐면서요.

아이들은 어린 시절부터 돈에 길들여집니다. 돈에 의한, 돈을 위한
삶을 강요받습니다. 동현이의 삶에도 깊은 곳까지 돈의 힘이 뻗칩니다.

학생1　전 돈과 좀 거리가 있어도 좋아하는 일을 하고 싶거든요. 근데

아버지는 막무가내예요. 오직 돈이에요. 근데 한 번밖에 없는 인생을 어떻게 돈과 바꿔요. 전 돈에게 아양 떨면서 살고 싶지 않거든요.

그런데 아버지는 남들처럼 대학가서 평범한 직장생활하면서 살아가기를 바라신답니다. 상급 학교와 전공을 선택하는 것도 돈입니다. 돈은 삶의 방식까지 지배합니다.

학생1 저는 제가 하고 싶은 일을 하는 데는 굳이 대학이 필요 없다고 생각해요. 물론 아버지의 뜻을 이루는 것과는 거리가 점점 더 멀어지겠지만요. 어쨌든 전, 저만의 삶을 살고 싶어요. 저만의 만화를 그리면서요.

그래서 대학이라는 또 다른 간섭의 길로 들어서기 싫답니다.

학생1 저는 교육은 상처를 내는 일이라고 생각해요. 물론 제대로 이루어지는 교육이라면 그렇지 않겠지만요.

동현이는 대학이 자신의 개성에 상처를 입힐 수도 있다고 생각합니다.

학생1 교육은 어떻게 보면 간섭하는 거잖아요. 개성을 개발하고 발휘하는 데 간섭만큼 위험한 건 없다고 생각하거든요. 제가 대학을 피하는 것도 간섭받기 싫어서예요. 저를 간직하고, 눈치 보지 않고 있는 그대로 성장하고 싶거든요.

동현이는 만화를 좋아합니다. 자신만의 특성을 간직한 만화를 그리고 싶은 꿈을 가지고 있습니다. 그런데 이런저런 간섭을 받으면 개성이 왜곡되고 변질되기 쉽다면서 대학의 문을 굳이 들어서고 싶지 않답니다. 그래서 동현이는 자신의 특성을 잘 발휘할 수 있는 자기 나름의 길을 찾았습니다.

학생1 대학처럼 크고 웅장한 교육기관은 아니지만 만화가로서의 개성을 유지하고 성장할 수 있도록 도와주는 곳이 있어요. 저는 그런 곳에서 저만의 특유한 만화를 그리고 싶어요.

그런데 부모님이 허락하시질 않는답니다. 동현이의 선택은 돈과의 거리가 멀다고 생각하기 때문입니다. 어른들에게 돈은 삶의 알파요, 오메가입니다. 돈에 의한 삶입니다. 돈을 위한 삶이고 돈의 삶입니다. 삶은 철저히 돈으로 무장됩니다. 삶의 질을 결정하고, 삶을 평가하는 것도 돈입니다.

학생1 아무리 말씀드려도 소용이 없어요. 제 말이라면 이젠 아예 들으려고도 하지 않으세요.

동현이에게 부모님은 넘어야 할 큰 산입니다.

선생2 선생님께 말씀드려보지 그랬니?

학생1 말씀드렸죠. 근데 부모님 말씀을 따르는 게 좋겠다는 뻔한 말씀뿐이었어요. 산을 넘으려다 강 하나를 더 만난 셈이 되었죠.

아버지라는 큰 산은 동현이의 꿈 위에 거대한 그림자를 드리우고, 동현이의 꿈에 필요한 햇빛을 가리고 있는 건 아닌지, 그리고 선생이라는 넓은 강은 동현이와 꿈 사이를 더 깊고 넓게 갈라놓는 건 아닌지 모를 일입니다.

학생1 자식이 고생할까봐 그러시는 건 알죠. 아버지도 가난하게 성장하셔서 고생 많이 하셨거든요. 그래서 돈에 대한 집착이 남다르세요. 가난보다 무서운 것이 없다고 늘 입버릇처럼 말씀하시거든요.

근데 동현이는 남이 만들어놓은 일터에서 남들의 요구대로 움직이면서 살아가는 걸 원치 않습니다.

학생1 그런데 사실 하기 싫은 일 하면서 생활하는 게 훨씬 더 고생하는 일이에요. 그래서 전 비록 돈을 벌 수 있다는 보장도 없고, 안정적이지도 못하지만 좋아하는 일을 하면서 살아가고 싶은 거죠.

동현이에게 돈은 인간의 존엄성을 지키기 위한 수단입니다. 좋아하는 일을 버려두고 돈을 좇는 건, 자신의 존엄을 돈 몇 푼에 파는 일이라고 말합니다. 동현이는 자신의 존엄성을 해치면서까지 돈을 추구하는 삶을 거부합니다.

학생1 그래서 ○○에 원서를 냈어요. 대학이라고 말하기는 좀 그런 곳이긴 해도 제가 그리고 싶은 만화를 마음껏 그릴 수 있는 곳이에요.

동현이는 돈이 아닌 자신의 꿈을 바라보며 당당히 걷고 싶습니다. 그래서 묻습니다.

"자기의 존엄함을 팔아 돈과 권력을 좇는 삶이 옳은지."

어른들은 동현이가 고개를 끄덕일 수 있는 답을 내놓아야 합니다.

학생1 전 어른들이 아이들의 꿈이든, 능력이든, 취미든, 그 어떤 것이
라도, 하다못해 머리카락 하나라도 어른의 뜻대로 바꾸는 건 안
된다고 말하고 싶어요. 그건 아이들의 존엄함을 해치는 일이니
까요. 어른들은 곧잘 '너의 꿈이 돈과 권력을 쟁취하는 데 걸림
돌이 된다.'라며 제거하기를 강요해요. 저는 돈과 권력을 위해
저를 팔 생각이 추호도 없거든요.

어른들은 입으로는 인간과 정의, 도덕과 배려를 외치면서도 돈과
권력 앞에만 서면 머리를 조아리고 그것을 둘러싼 암투에 앞 다투어
가담합니다. 아이들은 돈과 권력을 놓고 벌이는 그 싸움은 왜 그렇게
도 격렬하고, 비굴하고, 추하고, 잔인한지 묻고 싶습니다.

왜 떠나는지
정말 모르세요?

학생1 그만뒀대요.

보이지 않는 동현이의 안부를 물었을 때 돌아온 아이들 대답입니다.

"꼭 여길 다녀야 하나 싶어요."

오래 전 동현이가 여러 이야기 끝에 스치듯이 했던 말이 생각납니다.

학생3 혼자 공부한대요.

잠깐의 침묵을 누군가가 흔들었습니다.

학생3 실은 학교를 힘들어 했어요. 선생님들과 갈등도 있었고요.

기수는 동현이가 학교를 떠난 속 이야기를 들려주었습니다.

학생3 작년부터니까 꽤 오랫동안 고민했어요. 견뎌보려고 애도 많이
썼고요.

그런데 포기했답니다. 적응하고, 견디느라 여기저기 허비하는 에너
지를 오롯이 자신만을 위해 사용하자는 결론을 얻었답니다.

학생3 종일 애꿎은 참고서만 닦달하고, 이리저리 꼬여 있는 문제집만
원망하고, 어디가 어딘지, 뭐가 뭔지도 모른 채 하루하루 보내
는 것이 내 세계를 만들어가는 데 어떤 도움이 될지 사실 의문
이에요.

아이들은 자신의 삶을 부패시키는 학교의 영향력으로부터 벗어나
려 호시탐탐 기회를 노립니다. 기수도 동현이의 결정을 은근히 부러워
합니다.

학생3 오직 대학만을 위한 학교라면 굳이 여기에서 이렇게 생활할 하등의 이유가 없을 것 같아요. 대학만이 목표라면 오히려 학교가 불편하죠. 불리하기도 하고요. 자신에게 맞는 곳을 찾아 자신의 방식대로 공부하는 것이 더 나을 것 같아요.

동물이 생존에 더 적합한 환경을 찾아 이동하며 살아가듯 학교를 떠나려는 아이들도 생존에 적합한 환경을 찾아 삶을 보존하고 확장시키려는 생존본능이 발동하는 것처럼 보입니다.

학생3 선생님과의 관계죠. 거의 매일, 거의 모든 일로 부딪치거든요.

가장 큰 어려움을 묻자 돌아온 대답입니다. 그리고 관계가 원만한 것처럼 보이는 아이들은 대부분 자신을 접은 경우랍니다.

학생3 자신을 내세우는 순간 갈등은 시작되니까요. 모든 것을 내려놓고 선생님의 손가락이 가리키는 곳만 바라보고, 그 길만 걸으면 버틸 수 있으니까요.

자신을 접기 전 많은 아이들이 생활공간을 고심하고, 삶의 방식을 걱정해야 할 만큼 선생과의 관계가 위험 수위를 넘나든답니다.

학생3 저도 심각하게 고민한 적이 있어요. 힘든 일이 한두 가지가 아니거든요. 이건 아니다 싶은 일도 부지기수예요. 근데 전 두려웠어요. 그래서 무조건 참았죠. 지금도 그렇고요.

학습된 두려움은 다르게 사는 것에 대한 모든 상상력과 용기를 잠식합니다.

학생3 그래서 동현이가 더 대단해 보여요. 생각을 행동으로 옮긴다는 게 쉽지 않잖아요. 그것도 삶의 문제인데요. 단 한 번 주어진. 그리고 학교생활이 얼마나 견디기 어려웠으면 삶을 건 자퇴를 선택했을까. 모험도 이런 모험이 없을 것 같은데요. 짠하고 힘이 돼주지 못한 것이 미안하기도 해요.

기수가 갑자기 목이 메는지 울컥합니다. 아이가 책가방을 싸는 데에는 어른이 마련해놓은 사회에 문제를 제기하고, 그들이 벌여놓은 경쟁의 장에서 벗어나고자 애쓰는 아이를 위한 자리를 고민하지 않는 학교의 냉혹함이 전제되어 있습니다.

학생3 근데 선생님들은 부적응이래요.

'부적응.' 선생의 진단명입니다. 기수는 궁금합니다. '부적응'이 정확

한 진단인지 말입니다.

학생3　선생님은 한 번쯤은 자신을 돌아봐야 되는 거 아닌가요? 단 둘
　　　　밖에 없는데 옆 사람이 불편함을 느낀다면 원인이 뭐겠어요?
　　　　뭐가 문제겠냐고요? 학교엔 선생님과 학생 딱 두 부류가 존재
　　　　하잖아요. 근데 학생이 학교를 두려워하고, 불편함을 느끼고,
　　　　떠날 생각으로 고민한다면 답이 보이지 않나요? 이유가 분명하
　　　　지 않느냐고요?

　그럼에도 왜 선생은 애써 원인을 외면하는지 도통 이해할 수 없다
면서 비겁하고 비굴한 선생의 처신에 화가 난답니다. 그릇된 진단으로
올바른 처방과 치료는 어렵기 때문입니다. 선생이 자신이 지닌 문제를
외면한 채 떠나는 아이에게 모든 탓을 돌리는 한 제2, 제3의 동현이는
계속 이어질 겁니다.

선생님은 애들이 기댈 수 있는
존재인가요?

졸업식 날. 교실이 시끌벅적합니다.

"하나, 둘, 셋!"

교실은 졸업식을 마친 아이들이 마지막으로 들르는 곳입니다. 여기저기서 사진을 찍느라 난리입니다. 감옥과도 같았던 곳, 하루라도 빨리 벗어나고 싶었던 곳, 생각만 해도 끔찍했던 곳. 그러나 떠나는 날엔 고마움이 앞섭니다.

학생1 우리 같이 찍자. 수연이 너 잘 안 나와. 오른쪽으로 한 발짝만!

앞사람은 앉고. 찍는다, 하나, 두우~울…….

학생2 잠깐!

그때, 누군가가 다급하게 그들을 멈춰 세웁니다.

학생2 나도, 같이!

아이들은 교실 앞에서, 뒤에서, 문에 기대서, 칠판 앞에서 연신 폼을 잡습니다. 사물함도 빼 놓을 수 없는 소중한 짝입니다.

학생1 정말, 떠나기 싫어요.
학생2 눈물 나요.
학생3 교실 냄새는 평생 잊지 못할 것 같아요.

아이들은 마지막으로 자기 자리에 앉아봅니다. 말없이 책상도 쓰다듬습니다. 그리고 책상과의 추억도 사진기에 담습니다. 지난 1년 동안 힘들고 고통스러운 몸과 마음을 말없이 응원해준 책상이고 걸상입니다. 그렇게 아이들은 교실과의 아쉬운 작별을 합니다.

아이들이 떠나고 얼마 후 주인을 잃은 텅 빈 교실에 들렀습니다. 여전히 텁텁한 참고서 냄새가 교실 구석구석에 남아 있습니다. 아이들의 웃음소리도 가시지 않았습니다. 애들의 모습도 선명하고, 옷가지들과 참고서들이 널려 있던 모습이 눈에 선합니다.

'괜찮아.'
'제발 숨이라도 쉬자.'
'슬픈 하루.'

책상엔 아이들의 진심어린 고백들이 고스란히 남아 있습니다. 하루 하루의 숨통을 조였던 시간표도 한 구석을 차지하고 있습니다. 친구들의 이름도, 그들을 향한 마음도 들어 있습니다.

'승원♡예진.'
'지원아, 싸우지 말자.'
'○○○항공.'

애들의 자리는 애들의 꿈도 품고 있습니다.

'애들아 힘내자.'
'네 꿈을 응원할게.'
'사랑해.'

서로의 아픔을 도닥이고, 나누었던 눈물 자국도 선명합니다.

'어떡해.'
'힘내!'
'파이팅!'

책상은 아이들의 눈물도 슬픔도 고스란히 품고 있습니다. 기댈 수 있는 어깨고, 따뜻한 품입니다. 책상은 용기이고, 눈물을 닦아주는 따뜻한 손길이기도 합니다.

'나도 좀 살자.'
'나, 그냥 냅둬.'
'등급, 등급, 등급.'

아이들의 아픈 흔적이 역력한 책상을 보면서 미안했습니다. 아프고 힘든 시간을 보냈을 아이들에게 아무런 위로도 되지 못했기 때문입니다. 아이들을 대신해 그들이 남기고 간 책상이 묻습니다.

"아이들에게 편한 존재인지, 마음껏 기댈 수 있는 존재인지, 힘들 때면 생각나고, 찾고 싶은 존재인지."

무한한 인내심으로 아이들의 삶을 지지해 준 평범한 사물들의 미덕에 고개가 숙여집니다. 아이들의 삶의 무게를 담담히 견뎌 준 의자, 모진 한숨과 눈물도 묵묵히 품어 준 책상, 땀내 나는 삶의 짐을 나누어 짊어진 사물함, 마음의 상처를 씻어 주고 다독여 준 거울의 너그러움……. 그것은 사랑입니다. 교실 속 사물들의 무한한 지원 없이 아이의 하루가 어떻게 빛날 수 있었을까요? 사물의 사랑조차 베풀 수 없다면 선생은 무의미한 존재일 뿐입니다. 아이들의 눈물을 닦아주고 처진 어깨를 받쳐줄 수 있는 존재를 꿈꿔봅니다.

아픔 3

폭력적 시선

자신의 상처로 애들을 상처 내는 일,
부끄럽지 않나요?

학생1 그 선생님 진짜 웃겨요. 아니, 왜 우리한테 화풀이를 해요?

유은이가 아침부터 기분이 좋지 않습니다.

학생1 교실에 들어오자마자 교탁 위에 책을 집어 던져요. 다들 깜짝
놀랐어요. 그리곤 기분 나쁘다면서 한 시간 내내 소리 지르고,
짜증내고, 씩씩대고, 정말 기가 막혀요.
학생2 아니, 우리가 선생님 감정받이예요?

채린이도 기가 막힌 모양입니다.

학생3 근데, 사실 이런 일이 오늘 처음 있었던 게 아니에요. 그 선생님만 그런 것도 아니고요. 많은 선생님들이 더럽혀지고, 망가지고, 상한 감정을 교실로 가지고 와요. 자주요.

학생1 그럴 때마다 대체 이게 무슨 상황인가 싶죠.

은지도 기분이 몹시 나빴던 모양입니다.

학생4 선생님의 감정은 우리 감정까지 오염시켜요. 기분 좋았다가도 그런 선생님이 한번 휩쓸고 지나가면 우리 감정도 더러워지거든요. 종일 기분 나쁘죠. 감정 전이 속도가 굉장히 빠르잖아요. 그리고 그 감정은 친구들에게도 전파되고요.

학생2 부족한 선생님 하나가 학교 전체를 오염시키는 셈이죠.

애들의 이야기를 들으면서 양심이 저려왔습니다. 더 이상 애들의 이야기를 듣기 불편했습니다. 저에게도 유사한 전적이 있기 때문입니다.

몇 년 전 일입니다. 중간고사를 마친 어느 날, 여느 때처럼 서술형 채점 결과를 일러주고 확인을 받기 위해 해당 교실을 찾았습니다. 높은 점수를 예상하고 있는 아이들은 기다렸다는 듯이 환호하고 그렇지 않은 아이들의 표정은 어둡습니다. 아이들은 자신이 적은 답안과 정답을 비교하면서 채점 결과를 확인합니다. 그리고 이상이 없으면 서명으로 확인 절차를 마치게 됩니다.

"죄송해요, 선생님, 다음엔 잘 볼게요."

"이 문제 정말 안타까워요. 착각했어요. 아는 문젠데……."

"제 공부가 부족했어요. 다음엔 열심히 할게요."

"죄송해요. 선생님께서 열심히 가르쳐주셨는데……."

확인을 마치고 돌아서는 아이들은 서명과 함께 예쁜 말도 남깁니다. 그러나 오랫동안 가슴을 짓누르는 무서운 아이도 있습니다.

"ㅅㅂ."

답안지를 낚아채듯 가져가서, 휘갈기듯 서명하고, 답안지를 팽개치듯 던지면서 어떤 아이가 내 가슴에 새겨놓은 또 다른 서명입니다. 그 일이 있은 후로 그 반 수업이 어려웠습니다.

"몇 페이지 보자."

"이 내용 잘 기억해라."

최소한의 말과 최소한의 표정 그리고 최소한의 움직임으로 수업을 때우기 일쑤였습니다. 그 불편한 감정은 다른 반으로 이어졌습니다. 그리고 다른 아이들을 바라보는 눈까지 차갑게 만들었습니다.

"그래."

아이들 인사에 대한 대꾸도 토막이 났습니다. 교실 밖 만남의 시간도 줄었습니다. 만나면 종이 부를 때까지 떨어대던 수다 시간은 줄고 줄어 결국 사라졌습니다.

학생1 감정을 다스리지 못하는 건 정신적으로 건강하지 못한 거 아니야? 부족한 것이거나.

학생2 그럼 우린 병든 사람에게 배우는 거잖아.

학생3 지금 당장 우리를 봐, 부정적인 이야기만 하고 있잖아. 더러운 꼴을 보고, 더러운 말을 들어서 그런 거 아니겠냐고. 그래서 좋은 것만 보고, 들어야 하는데 선생님이 저 모양이니.

학생4 희망이 없네!

아이들은 슬픈 미소를 짓습니다.

학생1 선생님이 건강해야 우리도 건강할 거 아니야!

학생3 그럼, 뭐야, 우리가 건강할 확률은?

유은이 일당의 이야기를 듣는 내내 마음이 무거웠습니다. 감정을 조절하지 못하고 아무데서나, 아무에게나 오염된 감정을 배설하는 선생에게 아이들은 묻습니다.

"이성을 잃었어요?"

"오염된 감정을 퍼뜨리는 존재라는 사실을 아세요?"

"감정을 뒤흔드는 두려움에 정면으로 맞서지 못하는 천하고 졸렬한 존재라는 거는요?"

학교를 떠나고 싶은
이유가 뭘까요?

교실 벽에 걸려 있는 달력 속 날짜들이 하루하루 찐하고 두텁게 지워져갑니다. 지워진 날짜들은 마치 검거된 현상수배범을 닮았습니다.

학생1 지겨워 죽겠어요. 대체 언제 끝나요? 미치겠어요. 학교 오는 게 너무나 싫어요.

한숨을 뱉는 수민의 얼굴엔 지겨움이 줄줄 흐릅니다.

학생2 저도 하루하루가 정말 지옥 같아요. 매일매일 짜증이 주식이고 화가 간식이에요.

민서가 거들면서, 밀려오는 화를 참지 못하겠다는 듯 머리를 흔들어댑니다.

학생3　근데, 우리만 이런 생각하는 거 아니에요. 학교를 지겨워하는 애들 진짜 많아요. 학교를 그만두고 싶어 하는 애들도 부지기수 걸요.

학생2　해야 하는 모든 게 싫고, 만나는 사람들은 모두 밉고.

선생2　이유가 뭐니?

학생3　어디 한두 가지라야죠. 가장 큰 문제는 애들의 자유를 혐오한다는 거예요. 간섭이 너무 심해요. 뭐 하나 제 맘대로 할 수 있는 게 없어요. 등교는 수감과 진배없어요. 일거수일투족이 철저히 감시되니까요. 시간표라는 사슬에 묶인 채 이리저리 끌려 다니는 게 학교생활이잖아요. 풀려날 때까지요.

학생2　선생님도 잘 아시잖아요. 한번 교문을 들어서면 마음대로 나갈 수 없다는 거요. 어디 그것뿐이에요? 언제, 어디에서, 무엇을, 어떻게 하는지 샅샅이 노출되죠, 그리고 언제, 어디에서, 무엇을, 어떻게 하든지, 그리고 그 이유까지 그것은 또 철저히 선생님 뜻에 맞아야 하잖아요. 학교에 머무는 시간이 많아질수록 제가 사라지는 느낌을 받아요. 자꾸 제가 작아져요. 남의 생각만 따르다보니까 제가 사라지는 거죠. 무엇이든 사용해야 힘이 생기고 성장하는 거잖아요. 근데 저희는 저희를 사용할 기회가 없어요. 모든 걸 대신 해주니까요.

학생1 그것뿐이 아니잖아요. 선생님들은 자신들의 뜻을 따르지 않으면 윽박지르고, 짜증내고, 화내고, 그것으로 분이 풀리지 않으면 급기야 생기부까지 들먹이며 협박하고요.

학생2 네, 그래요. 뭐든 강제예요.

선생의 생각이 피상적이고, 하찮고, 시야가 편협하고, 감정이 저질이라는 것, 의견이 비뚤어지고, 잘못이 수없이 많다는 걸 알면서도 그 앞에서 고개를 숙이고 따라야 한다는 건 견디기 힘든 모욕입니다.

학생3 아마 요즘 아이들은 세상 어느 곳을 가든 적응 하나는 끝내줄 것 같아요. 이보다 악한 환경이 어디 있겠어요? 이런 환경도 견뎠는데 무슨 일인들, 어떤 환경인들 못 이기겠어요!

아이들이 뒷걸음질 치는 이유가 있습니다. 학교에서 벗어나고자 하는 이유가 분명합니다. 자신의 생각을 포기해야 하고, 자신의 감정을 단속해야 하기 때문입니다. 학교가 자신의 삶을 빼앗기 때문입니다. 그런데 학교가 불편하긴 선생도 마찬가지입니다. 학교는 선생에게도 결코 선한 곳이 아닙니다.

수십 년 들락거리던 교문을 이제 나서려는 친구가 있습니다.

"다음 학기에 퇴직 신청하려고."

수천 번도 더 잡았을 교실 문고리를 놓고 싶답니다. 언제부턴가 교실은 두려운 공간이 되었습니다. 예의는 사라지고 무례가 판칩니다. 거친 말과 험악한 몸짓은 선생을 교단에 머물 수 없게 합니다. 더 이상 버틸 재간이 없다면서 한숨을 내쉽니다.

"책상을 치면서 대드는 정도는 이젠 놀랄 일도 아니야."

벌린 입을 다물지 못하는 친구. 그것뿐이 아닙니다. 교과서 없이 앉아 있는 애들도 부지기수입니다. 수업 중 돌아다니는 것은 예삿일이 되었고, 험악한 표정으로 자신들의 목청만 돋우고 귀는 닫습니다. 선생의 말은 아예 귓등으로도 들으려 하지 않습니다.

"누가 그러더라고, 그나마 맞지 않은 걸 다행으로 알라고."

그러네요. 맞지는 않았으니 그것으로 위안을 삼아야겠습니다.

"수업 종소리가 이처럼 두려운 적이 있었나 싶어."

교실 들어가는 것이 까까머리 시절 교무실 들어가는 심정을 웃돈답니다. 언제부턴가 애들이 상전이 되었습니다. 애들의 눈치를 살펴야 합니다. 말도 행동도 애들의 심기를 건드리면 안 됩니다. 하루하루가 살얼음판을 걷는 심정이라네요. 존경과 사랑은 옛 이야기가 되어 갑니다. 선생은 거추장스럽고 불편한 존재이고, 아이는 지겹고 두려운 존재로 변해갑니다. 만남이 기다려지고 수업이 기대될 리 없습니다. 서로가 서로를 꺼립니다. 그것뿐이 아닙니다. 수시로 변하는 교육 환경도 책상을 정리하게 만드는 요인입니다.

"정책이 인간을 기계로 만들어가는 것 같아. 인간을 위한 정책이 인간 위에 군림하고, 인간을 도구처럼 부리려고 든단 말이야. 정책이 주인인 거지. 인간은 정책이 시키는 대로 움직여야 하는 도구일 뿐이고."

이 지점에서 친구는 묻습니다.

"그럼 나는 뭐지? 내 역할은 뭐지? 내가 존재해야 하는 이유가 도대체 뭘까? 요즘 젊은 선생님들 보라고. 얼마나 똑똑하냐고. 정책의 도구로 쓰려고 그렇게 똑똑한 사람들 뽑았나 싶어. 선생님들은 그 똑똑함을 쓸 기회도, 쓸 이유도 없어. 얼마나 안타까운 일이냐고. 선생님들이 재능을 발휘할 수 없다는 게 말이야."

목이 타는지 냉수 한 컵을 단숨에 들이킵니다.

"선생을 정책이 조종하는 대로 움직이는 로봇으로 만들잖아."

"그러니까 선생은 자신도 모르는 새 정책의 시녀가 된다고."

정책이 인간에게서 떨어져 나와 오히려 인간을 조종하는 양상을 보인다고 하네요. 정책과 서먹해지는 단계를 넘어 정책에 휘둘리는 듯한 느낌을 받는다면서 힘들어 합니다.

"정책은 교육을 위한 거잖아. 그러면 정책은 교육을 돕는 거라야지. 아이들의 성장을 돕고, 아이의 학습활동을 돕고, 선생의 교육활동을 돕고, 아이와 선생의 관계를 돕고, 선생과 선생의 관계를 돕는 거라야지. 학생과 선생이 학교생활 하는 것을 도와야지, 불편하게 하는 게 아니고. 그런데 오히려 장애물로 작용하는 경우가 많아."

무엇을 위한 정책이고, 누구를 위한 정책인지, 정책의 정체성이 사라진지 이미 오래입니다. 매일 매시간이 전쟁입니다. 주고받는 건 상처뿐입니다. 그래서 친구는 결심을 굳혔습니다. 그나마 붙어 있던 자존심이나마 지키려면 여기에서 멈추는 것이 옳다고 생각했답니다. 교단에서 내려오는 것을 머뭇거릴수록 서로에게 상처만 깊어진다면서 짐을 꾸립니다. 교단에 서고 싶어 애태웠던 수년 전 자신의 모습마저 보따리에 구겨 넣었습니다.

"에이, 미련 없어. 이젠 그만둘래."

친구의 목소리가 가늘게 떨립니다. 그간의 고통이 진하게 묻어납니다. 학생과 선생은 서로 불편하다면서 보따리 쌀 날짜만 손꼽습니다. 그리고 서로에게 묻습니다.

"누가 보따리를 싸게 했는지."

왜, 내가 좋아하는 것을
할 수 없는 거죠?

휴일이 길면 적응 시간도 길어집니다. 그새 교무실 분위기도 어색하고 몸은 찌뿌둥합니다. 나른함을 달래려 교무실을 나섰습니다. 화단의 나무들도 피곤한 듯 설렁대고 그 주변엔 몇몇의 아이들이 서성입니다.

선생2 피곤한 모양이구나. 뭐 특별한 일이라도 있었니?

누구랄 것도 없이 무리들을 향해 인사를 건넸습니다.

학생1 아니에요. 그냥, 집에 있었어요.

그 중 지석이가 말을 받습니다.

선생2 평소에 하고 싶었던 것이라도 하지 그랬니. 제법 시간도 많았는데.

학생1 저도 그러고 싶었죠. 그런데 할 수 없잖아요. 하고 싶다고 다 할 수 있다면 얼마나 좋겠어요. 근데 그게 안 되니까. 시험이 발목을 잡고 있잖아요. 할 수 있는 게 없어요. 거기에다 부모님 눈치도 보이고요. 거실에 나오는 것조차 편하지 않거든요. 특히 엄마는 책상을 벗어나면 불안해하세요. 꼼짝없이 책상에 붙어 있어야 되는 거죠. 참고서를 덮고, 책상을 벗어나서 뭔가 한다는 건 꿈도 꿀 수 없는 일이에요. 그냥 모든 것을 포기하고 방에 처박혀 있는 게 마음 편해요.

선생2 그럼 간간이 책은 읽을 수 있었겠네.

학생1 책요? 가지고 있는 책이라곤 참고서하고 교과서밖에 없는 걸요. 그리고 솔직히 다른 책 기웃거릴 겨를이 어디 있어요? 시험이 코앞인데요. 인강 듣고 과제하기도 바쁘죠. 그리고 어쩌다 시간이 나면 자기 바빠요. 자도, 자도 피곤하거든요.

지석이는 하고 싶고, 좋아하는 일들이 학교에 다니면서부터 사라졌답니다.

학생1 학교는 제가 좋아하는 일에는 관심이 없잖아요. 오직 사회가 필요한 일에만 관심이 있을 뿐이죠. 그리고 그것을 배우기를 바라고요. 그래야 인정해주잖아요. 인정받으려면 사회의 요구를 들어야죠. 별 수 없잖아요. 제가 좋아하고, 하고 싶은 일만 붙잡고 고집부리면 낙오자가 되기 딱 좋잖아요. 그러니 저를 버릴 수밖에요.

자신이 좋아하고, 하고 싶은 것을 밀쳐둘 수밖에 없는 건 사회로부터 인정받으면서 살기 위한 어쩔 수 없는 선택이랍니다.

학생1 그래서 할 수 있는 건 달랑 하나 공부밖에 없어요. 물론 어른이 요구하는 공부죠. 제가 좋아하는 걸 하는 게 아니고. 오직 어른들이 좋아하는 일만 해야 하는 거예요. 어쩌다 다른 걸 하기라도 하면 그건 나쁜 놈이 되는 거죠. 부모님껜 불효자가 되는 거고요.

아이들에게 교과서를 덮고 자신의 뜻을 펼친다는 건 있을 수 없습니다. 교과서를 덮는 건 어른의 뜻을 덮는 것과 같기 때문입니다.

학생1 그래서인지 교과서를 덮고 다른 걸 하려고 하면 불편해요. 뭔가 큰 죄라도 짓는 느낌이 들기도 하고요. 어른들은 자신의 뜻과 다른 모습을 취하면 비정상으로, 타락한 존재로 낙인찍어 혐오하고, 증오하잖아요. 어른의 뜻에 머리 조아릴 수밖에요. 어른의 뜻대로 움직이는 로봇이 되어가는 거죠.

긴 휴일 지석이를 방구석에 처박아둔 것은 공부라는 귀신입니다. 그리고 어른의 뜻이 빼곡히 박힌 참고서와 씨름하는 그 모습을 대견스레 바라보는 엄마의 눈빛입니다. 아이가 자신이 좋아하는 일을 하는 것은 어른을 놀라게 하는 일이고, 불쾌하게 하는 만드는 일입니다.

학생1   그래서 공부를 제하면 딱히 하고 싶은 게 쉽게 떠오르지 않아요. 뭘 좋아하는지도, 뭘 해야 할지도 모르겠고요. 공부가 정말 좋아하는 걸 다 빼앗아간 것 같아요.

선생이 자신의 뜻대로만 움직이는 존재를 원한다면 그건 인간이 아닌 로봇을 만드는 일입니다. 학교는 인간과는 전혀 상관없는 로봇 제조 공장이 되는 거고요. 지석이는 하늘을 올려다봅니다. 뭔가 서글픈 모양입니다.

학생1   정말 좋아하는 게 많았거든요. 근데 학교에 다니면서 저도 모르게 제가 좋아하는 게 다 사라졌어요. 이젠 무엇을 좋아했었는지조차 기억에 없어요. 학교에서는 매일 남에게 뒤처지지 않으려 발버둥치고, 이기기 위한 방법만 고민하니까 제가 좋아하는 일을 살필 겨를이 없죠. 아니 제가 좋아하는 것을 생각하고 해야 할 필요조차 없는 거죠. 제가 좋아하는 일이 친구를 이기는 데 도움이 되는 게 아니니까요.

어른들은 이기는 데 필요한 것만 하도록 강요합니다. 남을 이기는 것이 자신을 위한 것이라고 가르치고 그러한 삶을 살도록 부추깁니다. 애들의 삶은 이기기 위한 삶입니다. 자신을 위한 공부가 아니라 남을 이기기 위한 공부입니다.

학생1 학교에서는 그 누구도 제가 좋아하는 것에는 관심이 없죠. 오직 친구를 이길 수 있는지에만 관심을 가져요. 다른 모든 것들은 구속 상태예요.

듣고 보니 아이들에게 점수만 물었던 것 같습니다. 다른 애들을 이기는 데 필요한 도구를 얼마나 갈고 닦고 준비했는지에만 관심이 있었습니다. 대학에 입학할 성적인지에만 관심이 있었습니다. 아이들이 좋아하고, 하고 싶은 것에 대해서는 생각조차 없었습니다.

학생1 좋아하는 일을 좋아하게 해주고, 좋아하는 일을 하게 해주고, 좋아하는 일을 하면서도 살아갈 수 있었으면 좋겠어요.

지석이의 바람은 소박합니다. 크지도, 거창하지도 않습니다. 누구에게 내세우기 위해 꾸미지도, 치장하지도 않았습니다.

학생1 좋아하는 일이 무엇인지 알고 살아가는 게 행복한 삶이라는 말을 들은 적이 있거든요. 이 말이 맞다면 저는 불행을 향해 가고 있는 거죠. 행복할 가능성이 전혀 없는.

누가 지석이의 행복을 가로막고 있을까요? 모든 아이들이 자신이 좋아하는 일을 할 수 있었으면 좋겠습니다. 모든 아이들이 자신이 좋아하는 것을 할 수 있도록 도와야 합니다.

학생1 어른들은 아이들의 다양성을 모조리 제거해요. 그리고 학교 공부라는 한 가지 역할, 한 가지 특성만 살려두죠. 그러면 어떤 성적을 지닌 파편적인 존재로밖에 보이지 않게 되죠. 다른 특성은 있으나 마나예요. 아무도 거들떠보지도 않으니까요. 저절로 사라지는 거죠. 나도 모르게요.

성적으로만 바라보는 어른들의 협소하고 치졸한 시각은 아이들의 상상력을 죽이고, 삶을 훼손합니다. 무엇을 좋아하는지 아는 것은 판단과 의사결정의 중요한 근거가 됩니다. 진로를 선택하는 것도 좋아하는 것이 무엇인지 알아야 가능한 일입니다. 그런데 학교는 좋아하는 것을 삭제합니다.

학생1 학교는 애들이 좋아하는 것이 아니라, 타인이 좋아하고, 사회가 인정하는 삶을 기웃거리게 만들어요. 그리고 인정해달라고 구걸하게 하죠. 사회와 타인의 눈치만 보고 진로를 선택하고, 진학하고, 직업을 갖게 한다고요.

아이들은 자신이 좋아하는 것은 조금도 하지 못하고, 자신에게 해주지도 못한 채 삶을 살아가게 됩니다. 그래서 지석이는 궁금합니다.

'왜 자신이 좋아하는 것을 할 수 없는 건지.'
'왜 아이들의 욕망을 선생이 기획하는 건지.'
'왜 선생이 만들어놓은 틀에 아이들을 억지로 끼워 맞추려 강제하는 건지.'

선생님은 우리를
함부로 대해도 괜찮아요?

　복도 한 편에 마련된 자리에 앉아 쉬고 있는데, 세 아이가 서로의 손을 잡고 오르르 몰려오면서 인사를 건넵니다. 그리고는 의자에 몸을 던지면서 한 아이가 거칠게 한마디 흩뿌렸습니다.

학생1　아침부터 재수 없어.
학생2　뭔 일인데 그래.

　두 아이가 함께 귀를 세웁니다.

학생1　필통에 크림 몇 개 있었거든. 립밤하고. 근데 그걸로 쿡쿡 쑤시면서 학생이 이런 게 다 왜 필요하냐며 화를 내잖아. 입술도 이리저리 훑어보고.

정말 기분이 상한 모양입니다. 몸을 의자 깊숙이 쑤셔 넣으면서 한숨을 몰아쉽니다.

학생2 나도 아침부터 엄마하고 한바탕 하고 왔는데 너는 학교에서 당했구나.

학생1 엄마하고?

학생2 응, 난 학교에 올 때 방문을 잠그거든. 근데 엄마는 그게 싫은 거야. 방 청소를 어떻게 하라고 문을 잠그느냐고 아침부터 소리소리 지르는데 아이고, 정말.

학생1 나도 문 잠그고 다니는데. 식구들이 쑤시고 다니는 게 싫거든.

학생2 엄마가 뭐라고 안 하시니?

학생1 왜 안 하겠어. 처음엔 심했어. 그럴 거면 밥도 니가 해 먹고, 청소는 물론, 빨래도 니가 하고, 온갖 것으로 협박을 다 하더라고. 심지어는 그럴 거면 나가서 혼자 살라는 말까지 들었다니까. 근데 이젠 그러려니 해. 나를 이해하는 건지, 포기한 건지 모르겠지만. 어쨌든 지금은 잠잠해.

아이들은 서로의 아픔을 나눕니다.

학생1 근데 중요한 건 협박에 못 이겨 문을 여는 순간 사생활도 동시에 사라진다는 거야. 어떤 일이 있어도 잠가야 한다고. 어디 사생활을 보호한다는 게 쉬운 일이니? 엄마는 자식들의 사생활은 안중에도 없어. 아예 개념조차 없다고. 그러니까 내가 지킬 수밖에 없는 거지. 자식은 막 대해도 괜찮은 걸로 알잖아.

애들은 힘겹더라도 챙겨야 할 건 챙겨야 한다며 서로의 마음에 난 상처를 어루만집니다.

학생1 근데, 학교에서도 사생활은 늘 아슬아슬하잖아. 언제 어떻게 될지.
학생2 선생님이 문제야. 개념을 상실한 선생님이 어디 한둘이어야지. 그 선생님들에겐 애들 사생활은 아예 없잖아. 늘 함부로 대하고, 마음대로 대해도 괜찮은 존재로 알고 얕보고 막 대하잖아. 어쩜 선생님들이 그렇게 품위가 없나 몰라. 말도 함부로 하고, 행동도 멋대로고.
학생1 그래 맞아. 아무데서나 누가 있든 없든 호구조사하고, 아빠가 어떻고 엄마, 오빠가 뭐 어떻고, 가족들 얘기도 서슴지 않고 내뱉잖아. 정말 짜증나.
학생2 그런 걸 채신머리없다고 그래, 우리 엄마는.
학생1 그게 무슨 말이야?

학생2 응, 처신을 제대로 못한다는 말이야. 몸가짐이나 행동이 천하다는 거지.

학생1 그래서, 우리가 이렇게 천하게 대우받았던 거였구나. 그럼, 방법이 뭐야. 뭘 어떻게 해야 돼? 행동거지가 천한 선생님에게 뭘 기대할 수도 없을 테고. 천한 사람에게서 귀한 대접 받을 수는 없는 거잖아.

잠깐의 침묵이 흐른 후 아이들은 답안을 내놓기 시작합니다.

학생2 더 이상 당하지 말아야지. 함부로 대하는 선생님에게 그것이 부당하다는 사실을 이야기해야 되는 거 아닐까?

학생1 맞아, 누군가는 맞서는 용기가 필요하다고 생각해. 함부로 대하게 내버려두면 안 된다는 거지.

학생2 나도 그렇게 생각해. 우린 함부로 대해도 좋은 그렇게 하찮은 존재가 아니라는 사실을 일깨워야 한다고. 그리고 우리도 존중받아야 할 존재고, 존중받아야 할 권리를 지닌 존재라는 걸 깨닫게 해줘야 한다고 생각해.

아이들은 압니다. 쉽지 않은 일이라는 걸. 아니, 할 수 없다는 걸 말입니다. 그래서 더 화가 나고 마음이 갈가리 찢깁니다. 부당한 일 앞에서도 마음의 소리를 낼 수 없는 것은 선생에 대한 공포심 때문입니다.

교활한 선생은 이러한 아이의 공포심을 이용해 하고 싶은 대로 말하고, 행동합니다.

"우리도 존중받아야 할 권리를 지닌 존재임을 왜 모르죠?"

애들이 쓴 의문과 답안에 대한 선생의 진솔한 대답이 그래서 시급합니다.

"선생님은 좋아요? 함부로 대해도요?"

애들이 자리를 털고 일어서면서 남기고 간 말이 진하게 가슴에 박힙니다. 교육은 그 자체로 아이들을 존엄하게 대하는 일입니다. 아이들이 존엄한 존재이기에 그들을 대상으로 교육하는 겁니다. 아이들을 함부로 대하는 것은 이미 교육이 아닙니다. 아이들을 존엄하게 대하는 것으로부터 교육은 시작되기 때문입니다.

누가
주인공인가요?

입만 열면 우리나라를 짊어지고 나갈 인재고, 미래의 주인공이랍니다. 그런데 주인공의 자리가 바뀐 듯하다는 게 성민이의 생각입니다.

학생1　주인공이면 주인공 대접을 해주어야 하는 것 아닌가요? 주체적 역할이 주어져야 되는 거 아니냐고요. 그런데 늘 시키는 대로 따라야 하는 걸요. 지금껏 뭐든 학교에서 제가 주체가 돼서 스스로 결정해본 적이 없어요.

성민이는 자신들은 주인이 아니라 차라리 종이 어울린답니다.

학생1 주인공은 중심이 되거나 주도적인 역할을 하는 인물이잖아요. 그런데 학생은 결코 중심인물도, 주도적 존재도 아니에요. 주변인이죠. 보세요. 선생님이 중심 아닌가요. 뭐든 선생님이 주도하잖아요. 선생님을 중심으로 학교가 움직이지 않아요?

성민이는 한 번도 중심이라고 느껴본 적이 없다면서 주인공이라는 말은 허구라고, 어른이 꾸민 가공의 존재라고 잘라 말합니다. 성민이는 학교에서 어떤 일을 할 때 중심이 되거나 주도적으로 해본 기억이 없답니다. 선생이 시키는 대로 움직일 뿐이랍니다. 그래야 칭찬의 소리라도 들을 수 있다면서 말입니다.

학생1 영화든, 연극이든 관심의 대상은 주인공이잖아요. 그렇다면 학교에서는 학생이 관심의 대상이 되어야 하는 거 아닌가요? 수업시간이든, 어떤 행사든 말이지요. 근데 그렇지 않잖아요. 무엇이든 모두 선생님에게서 시작되고 선생님에게서 끝나잖아요. 주인공에겐 자연스럽게 다른 사람들이 주목을 하고, 관심을 쏟고, 공감어린 표정으로 대하잖아요. 그런데 학생에겐 누가 주목하나요? 수년간 교문을 들락거려도 아무도 관심을 기울이지 않아요. 집구석에 처박혀 있을 때나 다름없이 보잘것없는 존재일 뿐인 걸요.

주인공이라는 말은 어불성설이랍니다. 그냥 채찍처럼 들린답니다. 학생들을 더 높이, 더 빨리, 더 멀리 달리도록 채근하기 위한 조작된 배역이라는 겁니다.

학생1 정작 주인공의 자리에 앉아 있는 건 어른 아닌가요? 어른의 행동엔 모두가 관심을 기울이잖아요. 그의 말 한마디, 행동 하나도 아이들은 그냥 지나치지 않잖아요. 사람들의 시야에서 사라진 아이들의 행동과는 다르죠. 주인공이니까요. 주인공이 둘일 수는 없잖아요. 학생이 주인공이 맞다면 학생의 소리에 주목해야 되는 거 아니에요?

선생이 말하는 주인공은 주인을 위해 열심히 뛰어야 할 중심인물이라는 말일 뿐이라면서 목청을 돋웁니다. 주인의 마음에 들도록 뛰고 또 뛰어야 할 중심인물인 거지요. 그렇기에 선생은 아이들만 눈에 띄면 시키는 일에 열심입니다. 무엇이든 열심히 주문합니다.

'이렇게 해라', '저렇게 해라', '이것도 하고 저것도 해라', '여기를 보고 저기를 봐라', '이것도 듣고 저것도 들어라' 쉼 없이 이어지는 주문들로 아이들은 지쳐갑니다. 선생의 요구는 아이들의 뜻과는 무관합니다. 아이들은 그냥 움직일 뿐입니다. 주인의 명령이니까요.

학생1 우리가 원하는 걸 말하고, 행할 수 있어야 하는 것 아닌가요? 우리의 요구를 선생님께 말할 수 있어야 하는 것 아니냐고요?

성민이는 궁금합니다. 학교에서 누가 주인공인지 말입니다.

내 꿈은
내가 꾸면 안 될까요?

학생1 뭐든 안 된데요.

   수민이가 짜증을 내뱉습니다. 좀체 얼굴 찌푸리는 법이 없는 수민이인데, 무슨 일이 있나봅니다.

선생 니가? 그 실력으로?

   선생님이 그냥 지나가듯 목표로 하는 학교를 묻기에 평소 생각하고 있던 학교를 얘기했을 뿐인데, 마치 모욕을 주려고 기다리기라도 했다는 듯이 곧바로 비아냥대듯 이야기하더랍니다.

학생1 정말 짜증나요. 제 실력은 저도 알아요. 제가 저를 모르겠어요? 그리고 그 학교가 어렵다는 것도 알죠. 그러나 목표로 삼지도 못하냐고요.

선생은 아이의 가능성을 오직 성적표를 통해서만 바라봅니다. 수민이는 심한 모욕감으로 온몸이 조여 오는 느낌이 든다면서 몸을 웅크립니다.

학생1 저는 선생님들을 제 편으로 생각하고 있거든요. 그래서 선생님들을 뵐 때마다 든든한 생각이 들고는 해요. 그런데 가끔 이런 이야기를 들을 때마다 '내가 착각하고 있었구나.' 하고 제 생각을 탓하게 되죠.

그때 수민이 단짝인 혜린이가 헐레벌떡 뛰어옵니다. 선생님께 한 방 먹고 짜증내면서 어디론가 사라졌다는 친구들 말을 듣고 수민이를 찾았다면서 얼굴에 반가움이 묻어납니다.

학생2 그치지?

혜린이는 수민이를 보자마자 수민이를 짜증나게 했을 법한 어떤 선생을 지목합니다.

학생2 그 선생님 왜 그래, 저번엔 우리를 싸잡아 모독했잖아.

전적이 있었나봅니다. 뭔가 조금이라도 마음에 들지 않으면, 그 선생의 입은 대번에 쓰레기통으로 바뀐답니다. 입만 열면 심한 악취가 풍기는 건 물론 마음에 심한 상처를 입힌다면서 진저리를 칩니다.

선생 얘, 그만둬, 때려 쳐라. 니들이 뭘 한다고 이 난리냐. 그냥 책가방 싸라.

오물이 잔뜩 묻어 있는 구둣발로 자신들의 꿈을 짓이기는 듯한 선생의 말을 들을 때마다 화가 치밀어 오른다면서 옷소매를 걷어 올립니다.

선생 꿈을 접어라. 분수에 맞게 토막을 내든지.

급기야 벌겋게 달아오른 가슴에 불을 지릅니다. 선생 앞에만 가면 꿈은 걸레가 되어 결국 버려진답니다. 땅바닥에 처박힌 꿈을 다시 집어들 때마다 앞을 가리는 눈물에 자신을 얼마나 원망했는지 모른다는 아이들, 꿈이 질식할 것 같다면서 차라리 그냥 내버려두었으면 좋겠답니다.

"시간에 쫓겨 잘 자지도, 먹지도 못하면서 찾아왔는데, 돌아오는 거라곤 쓰레기 같은 말뿐이에요. 아니 우리가 그런 대접 받으려고 이 고생하는 거예요? 정말 기가 막혀요. '흙잠'자고, '흙밥'먹고 아침도 저녁도 없는 삶을 겨우겨우 버티는데요."

"차라리 우리 꿈을 건드리지 않으면 안 될까요?"

"그냥 두면 안 되겠냐고요."

선생님이 꿈에 나타날까 두렵다면서 아이들은 또 다른 선생님을 만나기 위해 교실로 총총히 사라집니다. 아이들이 꿈을 안고 왔다가, 꿈을 잃고 가는 건 아닌지 살펴야 할 일입니다. 아이들이 하루라도 빨리 꿈을 짓누르고 마비시키는 선생의 손아귀에서 벗어났으면 좋겠습니다.

아이가 홀로 설 수 있도록, 혼자서도 걷고 뛸 수 있도록, 혼자서도 보고, 듣고, 생각하고 살아갈 수 있도록 한 발짝 뒤로 물러서는 것, 그것은 사랑의 거리입니다.

교실이 전사를
양성하는 곳인가요?

선생2 무슨 일이라도 있니? 왜 그렇게 축 처졌니?

　몸을 질질 끌면서 오는 수경이에게 아는 척을 했습니다.

학생1 아! 네, 선생님.
선생2 근데, 아침부터 힘들어 보이는구나.

　수경이는 복도 옆 쉼터 의자에 쓰러지듯 몸을 던졌습니다.

학생1 죽을 것 같아요. 너무 힘들어요. 첫 시간부터 한 시간 내내 문제만 빡빡하게 풀었어요. 머리가 뽀개질 것 같아요.

수경이는 한 문제 한 문제 풀 때마다 마치 빨갛게 달구어진 쇳덩이를 찬물로 담금질하는 장면이 떠오른답니다. 자신이 담금질 당하는 쇳덩이라도 된 것 같다네요. 계속되는 수업시간은 달구어지고 담금질되는 일의 연속인 것 같다며 고개를 젓습니다.

선생2 어쩌겠니, 그래야 경쟁에서 이길 수 있고 수경이가 원하는 대학에 갈 수 있을 테니.

위로를 한답시고 한마디 건넸습니다.

학생1 아니 선생님! 선생님마저 그렇게 말씀하시면 어떡해요!

깜짝 놀라 쳐다보자 수경이가 말을 잇습니다.

학생1 이긴다는 말 정말 지겨워요. 뭐 학생이 전투에 참가하는 전사라도 되는 양 말씀하세요. 우린 싸움꾼이 아니에요. 싸우려고, 이기려고, 그래서 내 꿈만 이루려고 공부하는 게 아니라고요. 근데 어른들은 왜 그렇게 잔인한지 모르겠어요. 걸핏하면 싸워서 이기래요. 우린 싸움꾼이 아니에요. 아니라고요. 그리고 싸우려고 공부하는 것도 아니고요.

크게 한 대 맞았습니다. 구구절절 옳은 말입니다. 정말 미안했습니다. 할 말이 없었습니다.

학생1 선생님은 싸움꾼을 기르시는 거였어요, 지금까지? 그렇게 오랜 시간 말이에요. 이길 수 있다, 누를 수 있다, 정복할 수 있다, 승리할 수 있다 이런 말밖에 할 수 없나요? 선생님들 말씀을 듣고 있으면 학교 오는 게 두려워요. 무섭고. 가슴이 막혀요.

선생2 …….

학생1 행복하게 살고 싶어 공부하는 건데, 시간이 흐를수록 행복과의 거리가 멀어지는 것 같아요. 점점.

종소리에 웅크리고 있던 수경이가 허리를 폅니다. 그리고 다시 교실로 무거운 발걸음을 옮겼습니다. 수경이가 떠난 후에도 한참을 움직일 수 없었습니다. 이런 아이들 앞에서 지금껏 무슨 짓을 한 거지? 창피했습니다. 그리고 두려웠습니다. 아이들의 행복을 빼앗고 있는 것은 아닌지, 아이들 곁에 있던 행복을 멀리 떼어놓는 것은 아닌지 말입니다. 아이들의 삶을 살지도 않으면서 마치 그 삶을 살기라도 하는 양 지껄인 것이 미안했습니다.

"교실을 왜 전투장으로 만들어요?"

"전사를 양성하는 건가요?"

아이가 행복하게 생활하기 힘든 학교, 인간성은 실종되고 극한적 대결만 부추기는 선생, 아픔을 방치하고 괴로움에 눈감는 선생에게 수경이가 남기고 간 질문은 큰 울림입니다.

식사시간은
함부로 대해도 되는 시간이에요?

수업이 끝나갈 무렵, 서진이가 쭈뼛쭈뼛 교탁 앞으로 나옵니다.

학생1　저, 석쌤이 행사 준비해야 한다고 점심 빨리 먹고 오라고 말씀
하셔서, 먼저…….

서진이는 출발 신호에 반응하는 달리기 선수처럼 화급히 교실을 빠
져나갔습니다.

학생2　어떻게 점심도 편히 먹을 수 없게 해.

누군가가 투덜댑니다. 무슨 뜻이냐는 표정에 동철이가 입을 엽니다.

학생2 전, 애들을 수업도 마치기 전에 불러내는 건 아니라고 생각해
       요. 그리고 밥도 제대로 먹을 수 없게 하는 건 정말 잘못이라고
       봐요.

학생3 저도 그렇게 생각해요. 행사도 중요하겠지만 수업을 빼야 할 만
       큼 중요한 건 아니잖아요.

홍빈이가 보탭니다.

학생4 정말, 그래요. 수업을 못 듣게 하는 건 아니지요. 그리고 엄밀히
       말하면 식사시간도 또 다른 수업시간 아닌가요? 엄연히 시간표
       에 식사시간이 들어 있잖아요. 그러니까 무슨 행사 때마다 당
       연한 듯 수업을 빼고, 식사도 허둥지둥 해결하게 하는 건 정말
       있을 수 없는 일이라고 생각해요. 그건 적어도 공부할 기회를
       빼앗는 것이니까요.

성민이입니다. 그간 수업시간을 빼먹게 하는 이런 상황에 대해 쌓
인 게 많았던 모양입니다. 한참 동안 성토가 이어졌습니다.

학생5 맞아요. 저도 성민이 생각과 같아요. 수업시간을 식사를 위해

빼고, 식사는 다른 행사를 위해 대충 때우게 만드는 건 옳지 않다고 생각해요. 사실 중요하지 않은 시간이 어딨어요. 교과시간이든 식사시간이든요. 근데 늘 특정 시간을 위해 희생되는 시간이 있어요. 그리고 그걸 당연하게 여기고요. 툭하면 '그 시간 빼고 이거 해라, 밥 빨리 먹고 저거 해라.' 뭐 이런 식이에요.

학생6 많은 애들이 아침을 굶고 와요. 시간에 쫓기거든요. 그런데 점심까지 '빨리'를 요구하면 점심인들 제대로 먹을 수 있겠냐고요.

식사에 대한 애들의 애정은 가히 종교적입니다.

학생5 뭐, 특별한 행사만 있으면 많은 시간이 희생되지만 그 중 가장 큰 피해를 보는 게 식사시간이 아닌가 싶어요.

학생6 맞아요. 언제든 먹는 건 후순위죠. 먹는 건 대충 때워도 되는 걸로 치부하잖아요.

학생7 정말 그래요. 밥을 먹는 일도 수학시간, 음악시간처럼 당당히 수업시간으로 인정해주어야 한다고 생각해요. 엄연히 밥 먹는 것도 공부고 수업이니까요.

밥에 대한 애정이 한상 그득합니다.

선생 이거 이번 시간에 끝내야 돼!

선생의 요구는 밥알을 목구멍으로 넘기는 일을 힘겹게 합니다.

학생6 선생님의 요구를 받은 애들은 밥을 편히 먹을 수가 없어요. 늘 급하게 뛰어가서 대충 허겁지겁 욱여넣고 또다시 헐레벌떡 뛰어와야 되거든요.

학생7 그 일이 그렇게 중요하다면 그 일을 위한 시간을 별도로 마련해야 되는 거 아니에요? 왜 꼭 식사시간을 죽이는지 모르겠어요. 무슨 전시도 아닌데 식사를 그렇게 숨 가쁘게 해야 되냐고요. 그건 식사라는 수업시간을 망가뜨리는 일이라고 생각해요. 애들의 생활을 파괴하는 거죠.

애들은 식사시간도 엄연한 수업시간임을 기억하고 보장해주어야 한다고 말합니다. 충분히 즐겁게 식사할 수 있는 여건을 마련해주어야 한다는 거지요.

학생5 과목에는 귀천이 없다고 생각해요. 식사도 엄연한 과목이기에 천하게 여기면 안 된다고요. 메뉴 선택은 물론 식사시간을 보장해줘야 하는 이유가 여기에 있는 거고요. 그런데 함부로 대하잖아요.

학생6 그리고 식사는 단순히 먹어치우면 그만인 일이 아니라고 생각해요. 무엇을 먹을지 고민하고, 함께 이야기도 나누고, 신체는 물론 정신의 에너지도 보충하는 일이 식사라고 생각해요. 정말 소중하고 숭고한 시간인 거죠.

학생3 그런데 이렇게 내몰리는 밥시간에 받아든 밥상에서 무슨 이야기를 나누고, 에너지를 보충할 수 있겠어요. 받아든 밥상은 차갑고, 식사시간은 냉기가 흐르는데요.

학생2 밥시간이 그렇게 아무렇게나 다루어도 되는 하찮은 시간인지 궁금해요.

학교에서 아이들에게 주어진 시간 중 선생이 훼손하는 시간은 없는지 돌아보아야 합니다. 그것은 애들의 삶을 훼손하는 일일 테니까요.

쉬는 시간은 있는데
쉴 수 없는 이유가 뭐죠?

쉬는 시간, 양손을 주머니에 쑤셔 넣고 벽에 기댄 채 창밖을 바라보는 동선이를 만났습니다.

선생2 여기서 뭐하니?
학생1 그냥, 있어요.

'그냥', 그냥은 아이들이 쉬는 시간을 활용하는 대표적인 '쉼'의 방식입니다.

학생1 특별히 할 것도 없고요. 그리고 할 게 있어도 어디서 하겠어요?

마땅한 곳도 없잖아요?

이유를 물었을 때 돌아오는 한결 같은 대답입니다. 수업 끝 종이 울리면 복도는 금세 아이들로 북새통을 이룹니다. 수업에서 해방된 아이들은 무언가 대단한 것이라도 하려는 듯 쏜살같이 교실을 벗어던집니다. 그러나 여기까지입니다. 더 이상 갈 곳도, 할 일도 없습니다.

학생2 다른 모든 시간은 장소가 마련되어 있잖아요. 근데 쉬는 시간은 방치되어 있어요. 그냥 니들이 알아서 보내라는 식이죠.

동선이와 마찬가지로 복도에 '그냥' 서서 서성이던 수현이의 말입니다.

학생2 쉴 수 있는 공간이 있었으면 좋겠어요. 정말 우리가 누구의 눈치도 보지 않고, 자유롭게 활용할 수 있는 공간요.

아이들은 이름표 없는 공간을 원합니다. 이름표가 붙으면 그곳에서는 그것만 해야 한다는 부담감이 있기 때문에 온전한 쉼이 보장되지 않는다면서 말입니다.

학생2 공간의 용도가 정해져 있지 않으면 사용하는 사람에 따라 공간의 용도가 정해지는 거죠. 이야기를 하면 '이야기방', 춤을 추면 '춤방', 노래를 하면 '노래방', 불만을 토로하면 '뒷담화방', 소리를 지르면 '분노방' 뭐 이런 식으로요.

쉴 수 있는 조건을 갖추어놓지도 않은 채 주어지는 쉬는 시간은 더 이상 쉬는 시간이 아닙니다. 쉴 수 없이 주어지는 쉬는 시간은 아이들의 쉼을 빼앗는 폭력이 됩니다.

학생3 매일 쉬라고 주어지는 시간이 두 시간 남짓 되잖아요. 대충 보내기엔 아까운 시간이죠. 이게 한 달, 한 학기, 일 년 모여 봐요. 엄청나죠. 그래서 이젠 아이들의 '쉼'에도 관심을 기울여야 된다고 생각해요. 도대체 애들은 쉬는 시간에 어디서, 무엇을 하며, 어떻게 지내는지 말이에요. 그리고 잘 쉴 수 있도록 배려해 주었으면 좋겠어요.

또 다른 '그냥'의 주인공, 민성이가 끼어들면서 한마디 보탭니다.

학생3 쉬는 시간마다 복도 구석에 놓여 있는 의자 몇 개에 수십 명이 달라붙어 있잖아요. 아니면 복도 벽에 기대어 멍하게 있거나요. 언제까지 이렇게 보낼 수는 없잖아요. 어쨌든 잠깐이라도 타인의 시선으로부터 자유로운, 진정으로 우리들만을 위한 공간이 있었으면 좋겠어요. 근데 교실 밖에 없잖아요. 그마저 교실은 늘 난장판이고요. 갈 곳 없는 애들이 전부 모여드니 그럴 수밖에 없죠. 교실은 경쟁의 장이잖아요. 교실이라는 공간의 용도와 '쉼'은 어울리지 않아요. 교실은 늘 긴장하게 만들거든요.

학생2 그리고 곳곳에 남아 있는 선생님의 흔적들이 쉼을 방해해요. 교실은 벗어나야 할 공간이에요. 그것도 멀리요. 그래야 마음에 온기가 돌거든요. 교실에서 쉬라는 말은 가냘픈 초식동물에게 악어가 득실대는 늪 속에서 쉬라는 말과 같은 거죠.

쉬는 시간은 아이들을 위한, 아이들에 의한, 아이들의 시간입니다. 그렇다면 아이들이 쉬는 시간을 온전히 그들만을 위한 시간으로 만들어갈 수 있도록 그들의 요구에 귀 기울여야 합니다. 관심을 기울이지 않고 방치하는 것은 아이들의 시간인 쉬는 시간을, 은연중에 간섭하고 훼방 놓는 일입니다. 아이들을 편히 쉴 수 없게 하는 일이니까요.

아이들은 그들만의 공간을 원합니다. 지친 심신을 뉠 수 있는 공간은 눈코 뜰 새 없이 몰아치는 삭막한 학교생활에서 오아시스가 될 거라면서 말입니다. 아이들을 위한 공간은 위로입니다. 특별한 활동 없이 쉬는 공간에 머무르는 것만으로도 괴로움이 가라앉고, 슬픔이 잦아듭니다.

아이들은 궁금합니다.

"쉬는 시간은 있는데 쉴 수 없는 이유가 뭐지."

"쉴 수 있는 공간도 없이 주어지는 쉬는 시간은 여우에게 식사 초대 받은 두루미와 뭐가 다르겠어요. 쉬는 시간을 그냥 멍하니 쳐다만 볼 수밖에 없는 거죠."

아이들의 생각에 대한 답변이 필요합니다.

능력 없으면
그만둬야 되는 거 아니에요?

학생1 쌤, 안녕하세요.

등굣길에 만난 지희, 코에 걸린 마스크를 펄럭이며 인사를 건넵니다. 지희의 말은 마스크에 짓눌려 코맹맹이 소리를 냅니다. 표정도 마스크로 지워졌습니다.

언제부턴가 미세먼지가 건강을 위협하는 요인으로 등장하더니 아이들의 코마다 마스크가 걸리기 시작했습니다. 가정마다 공기정화 장치가 설치되고, 집밖을 나서는 이들은 마스크로 중무장합니다. 학교에도 공기정화 장치가 등장했습니다. 그러나 이것만으로 교실이 맑아지지 않습니다. 교실을 오염시키는 건 공기만이 아니기 때문입니다.

모든 선생이 한 교무실에 모여서 생활하던 시절 이야기입니다. 어느 날, 한 아이가 ○○선생을 찾았습니다.

"이 문제 좀……."

"뭐? 야, 임마. 그런 것도 몰라서 물으러 와!"

아이가 책을 내밀자, 의자에 깊이 기댄 채 꼰 다리를 흔들거리며 멀거니 앉아 있던 선생은 아이를 쳐다보지도 않은 채, 아이의 이야기를 들어보지도 않고, 그것도 모르냐며 호통을 쳤습니다. 선생을 찾아오면 문제를 해결할 수 있을 거라는 아이의 믿음은 보란 듯이 뭉개졌습니다. 그것도 수많은 선생들이 보는 앞에서 말입니다.

그러나 그 모습은 옛 교무실 속 풍경만이 아닙니다. 요즘도 심심찮게 등장합니다.

학생2 저, 이것 좀 한번 검토해주셨으면…….

선생 얘, 난 모르겠고, 다른 선생한테 가봐!

소희가 담임에게 무언가 부탁하러 왔다가 어이없는 일을 당했습니다. 담임은 소희가 채 말을 맺기도 전에 손사래를 쳤습니다. 분명 담임이 해야 할 일이고, 아이는 담임에게 요청한 일인데 누구에게 부탁하라는 건지, 소희는 순간 표정을 잃었습니다.

학생2 ······.

　일거에 거절당한 소희는 어안이 벙벙한 듯 한참을 서 있다 돌아섰습니다. 아이들의 삶의 질을 떨어뜨리는 것은 질 낮은 공기만이 아닙니다. 질 낮은 선생이 더 큰 상처를 입힙니다. 교단을 내려와야 할 무능한 선생이 버티는 한 아이들의 상처는 아물지 않을 겁니다. 오히려 더 심하게 덧날 겁니다.

　아이들의 마음을 오염시키는 선생의 모습을 보면서 공기정화 장치보다 시급한 건 선생정화 장치라는 생각이 듭니다. 공기 질을 높이기 위해 해로운 물질을 걸러내듯 아이들을 오염시키는 선생을 걸러낼 수 있는 장치 말입니다. 함부로, 아무나 교단에 서는 것이 허용될 때 교육의 질은 낮아지고, 질 낮은 교육은 아이들의 삶의 질을 떨어뜨리기 때문입니다.

　아무리 좋은 교육을 위해 막대한 교육 예산을 쏟아 붓고, 대단한 교육 정책을 수립하고, 놀라운 교육 방법과 내용을 제시해도, 교실에서 직접 아이들을 만나고 행하는 교사의 질이 낮으면 예산이나 정책, 방법과 내용은 모두 의미 없는 낭비성 예산, 정책, 방법, 내용이 될 수밖에 없습니다. 교육에 대한 만족도가 낮고 신뢰를 받지 못하는 것은 교육에 해가 되는 선생이 교단을 점령하고 있기 때문입니다.

학생3　뭐든 니가 알아서 하래.

학생4 그러게 말이야, 그럴 거면 선생님을 왜 해!

학생5 애, 불쌍하게 생각해. 해줄 능력이 없는 걸 어떡 하냐?

학생4 그럼 그만둬야지. 남 인생 망칠 일 있어?

학생5 우리 좀 참자. 몇 개월 안 남았는데 뭐. 그 선생님과 헤어질 날이.

학생2 우리만이 아니잖아. 얼마나 많은 애들이 더 피해를 보겠냐고, 양심도 없어. 본인이 그렇게 자신을 몰라. 능력이 안 된다는 걸.

학생5 그걸 알면 우리한테 그러겠냐. 그 선생님은 아는 게 없어. 자신도 모르고, 자신에 대한 주변의 평가도 모르고, 자신이 있어야 할 자리인지도 모르고, 자신에게 맞는 자리인지도 모르고……. 그냥 남들이 선생님이라고 불러주니까 자기가 정말 선생님인 줄 아는 거야. 에이, 정말 불쌍한 영혼이야.

아이들의 마스크는 코에만 걸리지 않았습니다. 마음에도 하나씩 걸려 있습니다. 마음의 오염을 막으려는 가녀린 몸부림입니다. 아이들은 마음을 답답하게 조이고 있는 마스크를 하루라도 빨리 벗고 싶습니다. 그래서 아이들은 묻습니다.

"능력 없으면 그만두어야 되는 거 아니에요?"

"그 자리에 어울리는 존재인지 스스로 살펴야 하는 거 아니냐고요?"

오염원이 사라져야 마스크 없이도 마음을 마음껏 드러낼 수 있을 테니까요.

아픔 4

간섭적 시선

제 삶을 조종하는
이유가 뭐죠?

학생1　지금 제가 잘 살고 있는 걸까요?

　　가랑비가 바람결에 길을 잃고 헤매는 어느 날 뜬금없이 문지가 삶
을 들춥니다.

학생1　저는 지금 제가 살고 있는 게 제 뜻 같지 않다는 생각이 들어요.
　　　　제 뜻이었다면 이렇게 살 것 같지 않거든요.

　　문지는 자신의 삶이 힘겹고, 어렵고 때로 화가 나는 것은, 자신의 삶
에 정작 문지라는 자신이 결여된 채 누군가에 의해 만들어지는 삶을

181

살고 있기 때문이라고 여깁니다.

학생1 집에서는 부모님, 그리고 학교에서는 선생님에 의해 조종당하고 있다는 느낌이 들어요. 이 학교에 온 것도 그렇고, 요즘 저에게 주어진 과제들도 제 의지와는 상관없이 선생님에 의해 일방적으로 주어지는 것이고, 그 과제를 해결하는 것도 제 생각이 아니라, 선생님의 생각을 따르는 방식으로 이루어지잖아요.

문지는 자신이 걷는 길은 자신의 의지와는 상관없이 주어진 길이고, 그 길을 걷는 이유도 목적지도 조종하는 누군가에게 물어봐야 알 수 있는 일이라면서 허탈해 합니다.

학생1 생각도 그렇고, 행동도 선생님의 생각에 의해 조종되는 것 같아요. 가끔 제가 어떤 생각을 하거나 행동을 하다가도 선생님 말을 떠올리면서 깜짝깜짝 놀랄 때가 있어요. 그리곤 얼른 선생님 말에 맞춰 수정하고 선생님 말을 좇게 되거든요.

다른 생각을 하고, 다른 길을 기웃거리고, 조금이라도 멈칫대는 건 생각조차 할 수 없는 일이라면서 몸을 움츠립니다.

학생1 마치 조련사에게 훈련받는 동물 같지 않나요? 훈련받는 동물들은 주어진 것만 봐야 되고, 주어지는 것만 먹어야 되고, 시키는 대로만 행동해야 되잖아요. 그래야 칭찬받고, 먹이도 얻고, 편하잖아요. 저도 그래요. 주어진 것만 읽어야 되고, 익혀야 되고, 풀어야 되고, 외워야 되고, 입어야 되고, 먹어야 되고, 신어야 되고, 들어야 되잖아요. 그래야 칭찬 듣고, 순탄하고 편안한 길을 걸을 수 있거든요. 훈련받는 동물과 뭐가 다른지 모르겠어요.

문지는 자신의 생각이 버려지고 유린된다는 사실이 몹시 불쾌합니다.

학생1 학교에 오는 건 오직 선생님의 생각을 듣고 따르려고 오는 것 같아요. 학교에서 하는 일은 주로 주어진 과제를 해결하는 일이잖아요. 근데 그 과제는 전적으로 선생님의 뜻이고요. 그러니까 과제를 해결한다는 건 선생님의 뜻을 따르는 일인 거죠. 근데 중요한 건 그 과제를 해야 하는 이유가 분명치 않다는 거예요.

결국 문지는 자신의 뜻을 펼칠 이유도 그리고 기회도 없다고 안타까워합니다.

학생1 과제는 스스로 자신의 힘으로 찾아야 하는 거 아닌가요? 과제를 찾고 해결하는 건 스스로를 만드는 일이고, 성장해가는 일이니까요. 그러니까 선생님이 제시한 과제는 선생님이 원하는 존재를 만들려는 의도가 강한 거죠.

그런 의미에서 조련사가 원하는 동물을 만들기 위해, 원하는 행동만 강요하는 방식의 조련과 선생님이 원하는 존재를 만들기 위해, 필요한 과제를 제시하고, 원하는 방식의 해결을 강요하는 것은 크게 다르지 않다는 겁니다. 문지는 자신이 바라는 자신의 삶을 살고 싶습니다. 그래서 묻습니다.

"왜, 제 삶을 조종하는 거죠?"

문지는 자신을 조종하는 조종기가 자신의 손이 아닌 선생님의 손에 들려 있어야 할 이유를 모르겠답니다. 돌담이 거친 섬 바람을 견딜 수 있는 것은 돌과 돌 사이에 틈새가 있기 때문이랍니다. 틈이 만들어놓은 빈 공간이 수십 년 담장을 지킵니다. 조종기는 어른과 아이 사이의 빈틈을 허용하지 않습니다. 틈을 없애고 밀착시킵니다. 이제 조종기를 내려놓아야 합니다. 그리고 아이와의 아름다운 틈을 만들어야 합니다. 그것이 관계를 건강하게 만드는 일입니다.

내가 왜 당신에게
예쁘게 보여야 되는데요?

학생1   아니 내가 지 마누라야 뭐야, 왜 남 얼굴 가지고 난리야, 정말
           재수 없어.

    두어 발짝 앞에서 서너 명의 아이들이 사나운 말을 뿌리며 갑니다.

학생2   마누라라도 그렇지, 마누라 얼굴은 비난해도 돼?
학생3   그러게 말이야. 그런 저는? 남 얼굴 볼 시간이 있으면 지 얼굴이
           나 보지?

    어느 선생이 아이의 외모를 가지고 듣기 거북한 이야기라도 했나

봅니다. 그리고 며칠이 지난 어느 날 그날의 주인공 중 한 명인 혜진이를 만났습니다.

선생2 엊그제는 무슨 일 있었니? 화가 잔뜩 났던데.

무슨 이야긴가 잠시 머뭇거리던 혜진이는 이내 눈치를 채고 뭔가를 들키기라도 한 양 민망한 표정을 짓습니다.

학생1 그 선생님은 수업 시간마다 제 눈 가지고 꼭 한마디씩 해요. 보이긴 하냐, 눈 좀 떠라……. 그래도 처음엔 그러려니 웃어 넘겼어요. 한두 번 듣는 말이 아니거든요. 어려서부터 자주 듣던 말이기도 하고, 친구들도 자주 놀리고. 근데 언제부턴가는 그 말이 짜증나고 화가 나요. 제가 무슨 놀림감도 아니고.

요즘 들어 부쩍 민감해졌답니다. 자신도 모르게 거울 앞에만 서면 눈을 보게 되고, 누구를 만나도 자신의 눈만 바라보는 것 같답니다.

학생1 사실 집에서도 그러시거든요. 그 얼굴로 결혼은 고사하고 취직이나 할 수 있겠느냐고요. 그리고 이런 일도 있었어요. 얼마 전에 미용실에 갔었거든요. 근데 미용사 분이 '아이고 학생은 눈이 아쉽다.' 그러시는 거예요.

혜진이는 자신의 외모를 누군가로부터 평가받아야 한다는 사실을 이해하기 어렵습니다. 그리고 누군가가 자신의 외모를 가지고 이러쿵 저러쿵 평가하고, 손가락질하고, 비아냥대고, 비웃는 게 너무너무 싫고 화가 난답니다.

학생1 장난인 줄 알면서도 화가 나요. 견디기 힘들 만큼 모욕감도 들고요. 그냥 뒀으면 좋겠어요. 타고난 대로 살게요. 왜 자꾸 이건 어떻고, 저건 어떻고 자기들 기준에 맞춰 재단하는지 모르겠어요.

혜진이도 눈이 조금만 컸으면 좋겠다는 생각을 합니다. 언제부턴가 거울 앞에만 서면 손으로 눈을 키우는 버릇도 생겼습니다. 수술한 친구들의 얼굴에 눈길이 가고, 수술을 고민하지 않은 것도 아닙니다. 가끔은 수술한 친구들이 부러울 때가 있습니다. 은근히 수술이 잘돼서 예뻐진 친구들을 보면 부럽기도 합니다.

학생1 수술은 자신을 배신하고 예쁨을 강요하는 사회에 굴복하고, 그런 사회에 아양 떠는 짓이라고 생각해요.

그럴 때마다 혜진이는 수술은 자신을 배신하고 또 다른 누군가를 쫓는 일이라고 흔들리는 마음을 달래곤 합니다. 그리고 세상이 만들어놓은 아름다움의 틀에 구속된 삶을 살지 말자고 다짐합니다. 세상의 기준에 맞춰 칠하고, 바르고, 자르고, 꿰매는 어리석은 삶을 버리자고 마음을 다집니다.

학생1 그건, 노예의 길이 아닌가요?

누군가의 입맛에 맞추려 지금껏 자유롭게 잘 지내온 자신을 노예의 수렁에 빠뜨리고 싶지 않답니다. 혜진이는 남의 외모를 향한 손가락질을 이해하기 어렵습니다. 그리고 묻습니다.
"내가 왜 당신에게 예쁘게 보여야 되는데요?"
혜진이는 자신이 좋아하는 모습으로, 자신이 좋아하는 삶을 살고, 타고난 자신의 모습대로 자신의 뜻을 추구하는 삶에 대한 세상의 시비에 울화가 치밉니다.

학생1 잘 보여요. 큰 눈으로 본 적이 없어서, 큰 눈에는 어떻게 보일지 모르지만, 세상을 보는 데 전혀 불편하지 않아요.

혜진이는 손가락으로 자신의 눈을 크게 키우면서 너스레를 떱니다.

학생1 누가 뭐래도 떳떳하게 눈 크게 뜨고 살 거예요.

혜진이의 각오가 당찹니다. 혜진이의 눈은 자신을 끝까지 지켜준 자신에게 더욱 더 넓은 세상으로 보답하리란 생각이 듭니다.

선생님이
공부의 적敵임을 아는지요?

학생1   선생니이임~.

　　규민이와 세린이가 서로의 얼굴을 토닥이다 말고 불러 세웁니다.

선생2   응, 뭐 좋은 일이라도 있나보다?
학생1   그랬으면 얼마나 좋겠어요. 완전 반대예요. 나빠도 완전 나쁜
　　　　일이 있어요. 세린이가 지적받았어요.

　　규민이가 딱하다는 듯 세린이의 머리칼을 쓸어주면서 속삭입니다.
세린이가 입술에 뭔가 발랐다고 지적을 받았답니다.

학생1 세린이 너 입술이 그게 뭐야, 당장 지워. 아이고, 저…….

　규민이가 선생의 목소리를 흉내 내면서 세린이를 쥐어박을 듯한 몸짓을 합니다.

학생2 이게 심한 거예요?

　세린이가 가지고 있던 립스틱을 손등에 펴 바르며 묻습니다.

학생2 그리고 이게 그렇게 화를 내고 야단칠 일이냐고요?
선생2 글쎄…….

　세린의 의문에 분명한 답을 못했습니다. 세린이가 공감할 수 있는 대답이 떠오르지 않았기 때문입니다.

학생2 예쁘고 싶은 게 그렇게 잘못이에요? 정말 기분이 좋거든요. 마음도 편해지고…….

　외모를 꾸미는 건 정신을 가꾸고 치장하는 일이기도 합니다. 외모를 꾸미는 것이 정숙하지 못한 행동이고, 교칙에 어긋나는 행위라면 아이들이 공감할 수 있는 이유를 분명히 제시해야 합니다.

선생　그냥, 시키는 대로 해 임마, 뭐 그리 말이 많아!

　폭력적 제재는 입술 위 빨간색만 지우지 않습니다. 미소를 지우고, 기쁨을 짓이깁니다. 아름다움을 향한 마음 속 작은 움직임마저 멈춰 세웁니다. 화장은 단순히 '다른 얼굴'을 만들기 위해 꾸미고 가리는 일이 아닙니다. 몸과 마음의 건강을 추구하는 아름다운 행동이기도 합니다. 세린이가 입술에 바른 립스틱은 세린이의 마음을 건강하게 가꾸어 줄 수 있습니다.

선생　화장한 사람들 다 지워라. 발각되면……!

　화장 금지령은 방송을 통해서도 이어집니다. 협박성 발언에 아이들은 투덜대기 시작합니다.

학생3　도대체 왜 그러는 건데.
학생4　심한 것도 아닌데, 이 정도도 안 된다는 거야. 이게 뭐야!
학생5　이게 공부하는 데 무슨 큰 지장을 준다고 그래.

　짝을 지어 자체 검열에 돌입한 아이들이 여기저기서 불만을 쏟아냅니다. 주머니 속 립스틱을 조몰락거리며 기회를 엿보던 아이들은 금세 포기를 선언합니다. 꾸미고 가꾸고 싶은 마음을 짓밟힌 아이들은 기운을 잃습니다.

　화장품이 귀하던 시절이 있었습니다. 그때에 화장은 누구에게나 특별한 행사였습니다. 어쩌다 먼 길을 나설 일이라도 생기면 그때서야 아껴두었던 구루무를 펴 바르고 분칠을 했습니다.

　"아이고, 어디를 가시려고 이렇게 꽃단장을 하셨댜~."

　"아이고, 이게 누구야! 몰라 보것네, 이쁘기도 해라. 시집 한 번 더 가도 되것구랴."

　분칠한 이는 이웃 아낙들의 이목을 끌곤 했습니다. 자석에 이끌리듯 아낙들은 화장한 여인 주변으로 자연스럽게 몰려들었습니다. 한 사람의 화장은 분내가 흔치 않았던 작은 동네의 화젯거리였습니다.

　요즘은 화장하지 않는 것이 오히려 특별한 일이 되었습니다. 문 밖을 나서는 이들은 대부분 얼굴을 곱게 꾸미고 옷매무새를 매만져 맵시를 냅니다. 그것은 자신에 대한 도리이기도 하고 함께 생활하는 이들에 대한 예이기도 합니다. 꾸밈없는 얼굴, 꾸밈없는 옷차림은 부끄러운 일이 되었습니다.

　그러나 도리이고 예이기도 한 화장이 교문을 들어서는 순간 도리가 비도가 되고 예가 비례로 바뀝니다. 교문 안에서 외모를 가꾸는 것은 정숙하지 못한 행동입니다. 화장하지 않는 것이 학생에게 부여된 규칙이기도 합니다. 조금만 입술에 힘을 줘도, 얼굴에 분칠한 흔적만 스쳐도 여기저기서 야단입니다. 졸지에 예의도 없고, 도리도 모르는 단정치 못한 아이가 됩니다.

'일방적 지시'는 깨뜨려야 할 학교의 오랜 악습임을 알면서도, 아이와의 소통 없는 일방적 지시는 여전합니다. 일방적 지시만 있는 학교는 건강하지 못한 학교임을 알면서도, 그 길이 쉽다는 이유로, 편하다는 이유로 버리지 못하고 있습니다.

세린이의 아픈 마음을 헤아리지 못하고 슬쩍 눈감고 외면하는 나의 비열함을 보면서 선생이 되려면 아직 갈 길이 멀었음을 절감합니다. 지금껏 나의 일방적 지시로 얼마나 많은 아이들을 아프게 했을지 생각만으로도 정신이 아득해짐을 느낍니다.

"공부에 지장을 주니까 그러는 거 아니야. 화장할 시간에 책을 더 봐라. 외모에 신경 쓰면서 무슨 공부를 한다고 그래!"

화장을 금한다면서 내놓는 거칠고 앙칼진 선생의 변입니다. 애들은 말합니다. 공부를 방해하는 것은 화장이 아니라고, 이런 식으로 눈만 마주치면 해대는 선생의 지적질이라고, 선생의 지적질만큼 공부를 방해하는 것은 없다고, '선생이 공부의 최대 적'이라고 말입니다.

우리가 감시당해야 할
죄수인가요?

학생1 저 헤어졌어요.

어느 날 복도에서 마주친 민서가 조용히 홀리듯 속닥입니다. 그러
나 표정이 밝습니다. 섭섭함도 보이지 않습니다. 괴로움도 없습니다.
멋진 오빠를 만났다며 그렇게 좋아했는데, 헤어짐이 그다지 나빠 보이
질 않습니다.

학생1 또 다른 오빠 만나면 되죠, 뭐.

쿨 합니다. 만남에 제약이 없습니다. 그 어떤 어려움도 느껴지지 않

습니다.

학창시절, 사인지라는 게 있었습니다. 취미, 특기, 장래희망, 생일,
좋아하는 꽃, 노래, 가수, 책 등 수십 가지의 질문을 만들어 자신의 생
각을 자유롭게 기록할 수 있게 만든 일종의 신상 정보지 같은 것입니
다. 친구들끼리 서로를 기억하고 싶은 마음에서 생겨난 풍속이 아닐까
싶습니다.

분홍, 빨강, 파랑 등 다양한 색상의 종이로 만든 사인지를 친구들에
게 나누어주고 다 적으면 돌려받는 식이었습니다. 물론 쉽지 않은 일
이었습니다. 회수율이 그다지 높지 않았을 뿐 아니라 돌려받은 것들에
도 성의 있는 내용은 그다지 많지 않았기 때문입니다.

그러나 문제는 거기에 있지 않습니다. 선생에게 들키면 '큰 일'로 이
어졌기 때문입니다. 특히 이성 친구에게 돌리다가 발각되는 날엔 얻어
맞는 건 당연했고, 불량이라는 딱지가 붙은 소문은 학교는 물론 금세
온 동네를 시끄럽게 만들었기 때문입니다.

그렇다고 사인지가 사라지지는 않았습니다. 서로를 알고자 하는 애
들의 욕망 앞에서 매의 아픔과 소문의 민망함 정도는 장애가 될 수 없
었습니다. 문구점에서 고르고 고른 고운 빛깔의 종이 위에 정성을 기
울여 적어놓은, 서로를 알고자 하는 간절함은 은밀한 루트를 타고 연
신 이 손에서 저 손으로, 여기서 저기로 쉴 새 없이 오갔습니다.

민서를 보면서 아이들의 관계가 건강해졌음을 느낍니다. 이성끼리 함께 있는 것조차 허용되지 않던 시절과 비교하면 아주 다른 세상이 된 것 같습니다. 그렇다고 아이들의 관계맺음이 완전히 회복된 건 아닙니다. 예전과는 비교할 수 없을 만큼 관계맺음이 수월해졌지만 여전히 선생은 아이들 사이를 간섭하고 방해합니다. 관계에 대한 제재는 여전합니다.

학생1 선생님, 비밀이에요.

민서가 자신의 손가락으로 입을 꾸~욱 누릅니다.

선생2 친구도 몰래 사귀어야 되니?
학생1 그럼요. 들키는 날엔, 저 날아가요!

민서는 손으로 만든 칼로 목을 벱니다. 손끝이 매섭습니다. 세월이 흘러도 변함없이 때마다 찾아오는 집단 궁금증, 이성과 사랑. 어제의 10대가 간직했던 첫사랑에 대한 설렘을 오늘 또 다른 10대가 잇습니다. 그러나 청소년의 이성 교제는 오해와 낙인이 많은 단어입니다. '행실과 성품이 나쁜 불량학생'의 대명사이기도 합니다.

학생1 아이, 정말 답답해요. 갇혀 있는 기분이에요. 뭐든 눈치를 봐야 하잖아요.

조용히 있던 민서가 갑자기 목청을 돋웁니다. 마음껏 생활할 수 없다는 사실에 화도 난답니다. 청소년은 언제나 기성인들이 한 번도 접해보지 못한 '전혀 새로운 세상'에서 태어나 '전혀 새로운 것'을 꿈꾸며 '전혀 새로운 방식'의 삶을 추구하는 '전혀 새로운 세대'입니다. 기성인의 잣대로 이들의 삶을 재단하는 것은 아이들에게 기성인처럼 살 것을 강요하는 것과 다르지 않습니다.

학생1 선생님들의 눈, 귀, 입이 모두 겁나요. 무엇을 보고, 무엇을 듣고, 무슨 말을 할 지 늘 조마조마해요. 감시자들 같아요. 먹잇감을 노리는 늑대 같기도 하고.

아이들의 생활은 감시나 금지의 대상이 아니고 보살핌의 대상입니다. 민서는 묻습니다.

학생1 우리가 감시를 받아야 하는 죄수인가요?

감시는 어떤 존재가 될 것을 강요하는 일입니다. 감시자의 의도에서 벗어날 수 없도록 틀을 만들고, 고정시켜, 조이는 일입니다. 감시는 폐쇄하는 일입니다. 막고, 없애고, 기능을 정지시키고, 교류를 끊는 일입니다. 감시는 아이들을 복종하는 주체로 만드는 일입니다.

"순종하는 존재를 만드는 게 교육인가요?"
"애들의 몸짓 하나, 행위 하나까지 기준도 원칙도 없이 임의대로 조작하는 게 선생님이냐고요?"

선생은 아이들에게 답해야 합니다. 스스로 움직일 수 있는 힘을 잃게 하는 게 교육인지 말입니다.

우린
누가 위로해주나요?

　　대여섯 녀석이 엉덩이를 치켜든 채 머리를 맞대고 무언가에 푹 빠져 있습니다.

선생2　재미있는 게 있으면 나눠야지!

　　불쑥 끼어들자 애들은 몹시 놀란 듯 그대로 얼음이 됩니다.

선생2　뭔데, 그리 놀라니!

　　애들은 뭔가 큰 잘못이라도 저지른 모양입니다. 서로 얼굴만 쳐다

볼 뿐 말이 없습니다.

선생2 너희들 즐겁게 노는 걸 선생님이 방해한 것 같구나.

더 이상 아이들 틈에 끼어 있는 것이 불편했습니다. 그래서 막 나서려는데 창수가 쭈뼛거리면서 등 뒤에서 뭔가를 꺼냅니다. 휴대폰이었습니다.

학생1 저 사실 휴대폰을 보고 있었어요.
선생2 응, 그래, 근데 뭘 그리 놀랐니?
학생1 사실 제출해야 하는데 하지 않은 거거든요.

듣고 보니 그랬습니다. 아이들은 매일 아침 등교와 함께 휴대폰을 제출해야 합니다. 교내에서는 휴대폰을 소지하거나 사용하는 것을 금하고 있기 때문입니다. 그런데 창수는 내놓지 않았던 겁니다. 그래서 놀란 것이고요.

학생1 실은 내지 않은 건 아니에요. 내긴 냈죠. 그런데 구폰을 낸 거죠. 작동하지 않는…….

애들은 휴대폰과 떨어지는 걸 몹시 싫어합니다. 아니 두려워한다는 표현이 더 어울릴지도 모릅니다. 그럼에도 반 표식이 선명한 시커멓고 커다란 수거가방은 아침마다 아이들의 휴대폰을 거두어들입니다. 아이들의 휴대폰은 어둑한 가방 안에 하나둘 감금됩니다.

학생1 정말 싫어요. 휴대폰 내기가요. 이거 없으면 굉장히 허전하거든요. 마음도 불안하고요.

갇히는 건 휴대폰만이 아닙니다. 아이들의 마음까지 패키지로 묶입니다. 휴대폰 없는 아이들의 생활은 실질적으로 성립 자체가 불가능합니다. 그런 휴대폰이지만 아침에 감금되면 하교시간까지 꼼짝할 수 없습니다.

학생1 당연히 늦은 밤, 하교시간이 되어야 석방되는 거죠. 그것도 물론 임시로요.

그것이 얼마나 두려웠으면 선생을 속이면서까지 휴대폰을 품에 안고 있었을까요?

대여섯 살 무렵, 나는 할머니 댁에서 지낸 적이 있습니다. 할머니 내외분은 이런저런 약초를 재배하셨고 들로 산으로 다니시면서 약초를 채취하기도 하셨습니다. 할아버지는 큰 망태기를 둘러메고 이른 아침 대문을 나서면 해가 지고 거뭇해질 무렵이 되어서야 돌아오셨습니다. 할머니는 빵빵하게 배부른 망태기를 받아 내리시고 수건으로 할아버지 옷에 묻은 산 흔적들을 털어내시곤 했습니다.

햇살이 따스한 날이면 할머니는 깨끗이 손질하신 약초를 싸리나무로 엮은 채반에 너셨습니다. 가끔씩 들르는 약재상에게 팔리면 햇살좋은 날을 놓칠 수 없으셨을 겁니다. 그래서인지 맑은 날이면 할머니의 손은 더 바빴습니다. 마치 전기 사정이 열악했던 시절 전기가 들어오는 시간에 전기를 대하는 모습이었습니다.

그날도 여느 때처럼 할머니는 아침부터 바쁘셨습니다. 약초를 씻고, 널고 손이 열 개라도 부족하게 움직이셨습니다. 할아버지는 벌써 산으로 가셨는지 거칠고, 퉁명스러운 할아버지의 기침소리는 들리지 않았습니다. 바쁘게 오가시는 할머니의 발소리가 집안의 정적을 깨뜨릴 뿐이었습니다. 할머니의 일은 점심 때가 되어도 끝날 기미를 보이지 않았습니다. 배고픔을 견딜 수 없었던 나는 할머니의 치맛자락을 붙잡고 칭얼대기 시작했습니다. 그러다 결국 일을 저질렀습니다. 약초가 널려 있는 채반을 엎었던 거지요.

"왜 저리 가서 놀지 못하고 여기서 난리야, 이놈아!"

할머니께서는 결국 일을 냈다면서 내 등짝을 내리 치셨습니다. 그후로도 할머니의 입은 쉬질 않았습니다. 노기를 띤 할머니의 목소리는 점점 커졌습니다. 할머니가 무서워지기 시작했습니다. 갑자기 엄마가 보고 싶었습니다. 엄마에게 가고 싶었습니다. 그래서 육중한 대문을 밀어젖히고 뛰쳐나왔습니다. 그리고 단숨에 할머니 집 앞 작은 길을 지나 신작로를 내달렸습니다.

그러나 갈 곳을 몰랐습니다. 어디로 가야 하는지, 어떻게 가야 하는지도 모른 채 마냥 걸었습니다. 할머니로부터 벗어나기 위해 무작정 걷고 뛰었습니다. 얼마나 걸었는지 다리가 아팠습니다. 발바닥에선 불이 났습니다. 발뒤꿈치는 까지고, 배는 앓는 소리를 그치지 않고, 발은 먼지와 땀으로 새카맣게 되었습니다. 신발은 자꾸 벗겨졌습니다.

결국 길바닥에 주저앉았습니다. 그제야 낯선 풍경이 눈에 들어왔습니다. 갑자기 두려움이 몰려왔습니다. 무서웠습니다. 눈물이 났습니다. 어느 새 깊은 산 그림자가 시커멓게 덮쳐왔습니다. 쓰려오는 등짝도, 피맺힌 발꿈치도 문제가 아니었습니다. 결국 울음을 터뜨렸습니다.

"이눔의 자식, 왜 이렇게 할미를 애태워!"

그때였습니다. 어둑한 낯선 길 저쪽에서 할머니의 억센 소리가 들려왔습니다. 할머니 집으로 잡혀온 다음 날, 엄마가 오셨습니다. 엄마를 보자마자 울음보가 다시 터졌습니다. 엄마 품에 안긴 저는 한없이 울고 또 울었습니다.

"뭘 잘했다고 울어 이눔아, 니가 뭘 잘했다고."

등 뒤에서 할머니의 고함소리가 들립니다. 그러나 더 이상 무섭지도 두렵지도 않았습니다. 나는 할머니에게 뭐라고 소리를 쳤습니다. 엄마 품에선 두려울 게 없었습니다. 그동안 참아왔던 분을 한꺼번에 토했습니다. 그 모습에 등을 토닥이시며 응원해주시던 엄마의 손길이 지금도 따뜻하게 남아 있습니다.

엄마는 위로였습니다. 세상에서 받은 어떤 상처든 엄마의 품에만 안기면 해결되었습니다. 불안했던 마음도 편안해졌습니다. 두려움도 떨칠 수 있었습니다. 외로움도 사라졌습니다. 엄마는 세상 어떤 풍파도 뚫을 수 없는 견고한 성이었습니다. 엄마가 계시다는 것만으로도 든든했습니다. 어떤 어려움에도 굴하지 않고 견딜 수 있었던 것도 엄마가 계셨기 때문입니다.

늦은 저녁시간이 되어서야 아이들은 휴대폰과 재회할 수 있습니다. 굳었던 얼굴이 펴지고 사라졌던 미소가 되살아납니다. 몸과 마음도 함께 석방됩니다. 휴대폰을 손에 든 아이들의 표정은 세상을 얻은 듯합니다. 휴대폰을 잡은 아이는 그제야 편안함을 얻습니다. 하루의 아픔도, 슬픔도, 괴로움도, 지겨움도, 고통도 휴대폰이 깨끗이 씻어줍니다.

기계가 인간을 대신합니다. 기쁨이었고 편안함이었던 엄마의 손과 품을 휴대폰이 대신합니다. 기저귀에 의존하는 어린애도, 코 밑이 거뭇거뭇한 청소년도 휴대폰이 기쁨이고 위로입니다. 일에 지친 직장인도, 가사에 시달린 주부도 휴대폰이 쉼터고 엄마의 품입니다.

아이들에게 휴대폰은 단순한 기기가 아닙니다. 선생의 어깨 대신 기대는 품이고, 상처를 보듬어주는 따뜻한 안식처입니다. 아이들은 휴대폰의 사랑 없이는 존재할 수 없습니다. 아이들은 휴대폰을 거두어가는 선생에게 외칩니다.

"우린 누구에게 기대야 되나요?"
"누가 우리를 위로해주나요?"

휴대폰 없는 아이들의 빈손을 선생이 잡아주어야 하는 것은 아닌지요? 아이들은 인간에게 상처받고 기계에게 기대고, 기계에게 위로받습니다.

우릴 존중해준 적
있나요?

학생1 아이 씨, 존× 어이없어.

선생2 뭐가?

시원하고 걸쭉한 욕설 틈에 대뜸 끼어들었습니다. 한 무리의 애들은 낯선 이의 침입에 몹시 당황합니다. 그리고 주인공인 종현이는 상황을 급히 마무리 지으려 얼굴을 묻은 채 손을 내젓습니다.

학생1 아, 아니에요. 아무것도.

그때 옆에 있던 현수가 끼어듭니다.

학생2 이××, 인사 안 한다고 한 방 먹었어요.

그러자 종현이가 숙였던 고개를 들면서 한마디 합니다.

학생1 전, 정말 그 선생님에겐 인사하기 싫어요. 그런 사람에게 고개
숙인다는 건 있을 수 없는 일이에요. 제가 아무리 궁해도 그런
사람에게까지 허리 숙이고 싶지 않아요. 정말. 자존심 상하거
든요.

인사는 마음속 '예'를 표하는 겁니다. 존경하고 존중하는 마음이 '예'
입니다. 그러나 종현이는 드러낼 마음이 없다고 말합니다. 선생을 존
중하는 마음이 없다는 거지요.

학생1 근데, 더 재수 없는 게 뭔지 아세요. 그 선생님은 애들에게 정말
함부로 해요. 말도 함부로 하고, 툭하면 손 대고, 빈정거리고,
놀리고……. 그래서 기피 대상 1호쯤 될 걸요.

종현이의 목소리가 높아지자 참 딱하다는 듯이 현수가 훈수를 둡
니다.

학생2 얌마, 그래도 그냥 해! 그게 뭐 어렵니? 말만 내뱉고 지나가면

되는데, 그러면 까이지 않잖아. 오히려 좋아하잖아.

학생1 뭘 좋아해, 임마.

학생2 우리가 자기를 정말 존중하는 줄 알고 좋아하잖아. 너도 봤잖아. 인사하면 입 찢어지는 거.

학생1 존중하는 척 웃고 지나가라는 거 아니야? 난 그 짓 못해. 왜 그런 사람을 위해 연기를 하냐. 넌, 배알도 없냐?

학생2 뭘, 그런 걸 따져 임마. 그냥 눈 한번 감으면 되는데. 그리고 속이는 게 살짝 통쾌하잖아. 속고도 희죽희죽 웃는 것도 재밌고.

학생1 미친 거 아냐, 너나 열심히 해 임마. 난 받는 대로 줄 테니까. 뺨 때리는 놈을 보고 어떻게 웃냐. 내가 예수라도 되냐?

자신만 챙기는 선생의 무례함이 애들에게 웃음 띤 가면을 씌웁니다.

학생1 인사도 할 줄 모르냐고, 인사성 없다고, 흠잡아 못마땅하게 여기기 전에 인사 받을 준비를 갖추는 게 먼저 아니에요? 존경받을 준비를 갖추는 게 먼저 아니냐고요. 짜증나요, 정말. 인사를 일방적으로 강요하는 건 존중을 갈취하는 거잖아요. 얼마나 치졸한 일이냐고요. 그건 깡패 짓 아니에요? 아니 구걸인가? 어쨌든 애들의 불량한 태도는 선생님의 불량함이 부른 결과라고요.

인사성이 없다, 예의가 실종되었다는 건 결코 애들에게만 해당되는 말이 아닙니다. 진정으로 정성을 다해 아이들을 대하고 있는지 선생들도 돌아봐야 합니다.

학생1 지들은 막 대하면서 우리만 가지고 난리야.

아이들은 묻습니다.

"선생님은 우릴 존중해본 적 있나요? 선생님은 애들을 예의를 갖추어 대한 적이 있냐고요?"

아이들은 이해가 어려운 일을 겪으면서 마음의 통증을 호소합니다. 교복을 입은 후 학생으로 생활하며, 자신들이 겪은 크고 작은 아픈 기억들이 되살아나기 때문입니다.

오늘이
내일을 위한 날이에요?

선생 　누굴 위해 그러겠니? 다 너를 위해서 그러는 거 아냐. 왜 그렇게
　　　못 알아들어! 그래서 뭘 어떻게 하겠다는 거야. 딴 생각 말고 교
　　　실에 가 있어.

　자습을 빼 달라는 말끝에 붙어오는 선생의 날 선 핀잔은 아이의 가
슴을 후벼 팝니다. 그리고 아이는 졸지에 자신의 미래를 말아먹으려
작심한 한심한 놈이 됩니다.

선생 　조금만 참으면 되잖아. 넌, 네 삶인데, 불안하지도 않니? 조금만
　　　견디면 레벨 높은 학교에 갈 수 있잖아.

선생의 눈엔 '오늘'의 수정이는 없습니다. 딱히 근거도 흐릿한 '미래'의 수정이만 있습니다.

학생1 아니, 교실에 죽치고만 있으면 저절로 레벨이 올라가냐고요! 그냥 붙잡아 두기만 하는 거잖아요. 그 다음은 없어요. 그냥 앉혀만 놓고 선생님의 역할은 그걸로 끝이잖아요. 그건 내일은커녕 오늘조차 돌보지 않는 거 아니에요? 교실에 앉아만 있으면 미래가 열리냐구요. 그건 내가 아니고 선생님 자신의 불안감을 잠재우려는 것 아닌가 싶어요. 교실에 앉아만 있으면 선생님은 편한가 봐요. 표정이 피는 것을 보면요.

근데 문제는 수정이 자신이 불안하답니다. 선생은 자신이 편하고자 아이들을 불편하게 하는 게 아닌가 싶다며 인상을 찌푸립니다.

학생1 선생님이 편하면 내가 불안해요. 감독이랍시고 웃으며 지나가는 선생님을 보면 미칠 것 같아요. 도대체 뭐하는 존재인가 싶다고요. 대체 뭐가 나를 위한 걸까요?

수정이는 내일을 빌미로 붙들린 오늘조차도 방치되고 있는 자신의 처지를 보면서 오늘을 견디면 내일이 열릴 거라는 선생의 말에 코웃음을 칩니다. 그러면서도 입만 열면 '너를 위해서'라는 말을 부끄러운 줄도 모르고 내뱉는 선생의 말이 귀에 거슬립니다.

학생1   내일을 위해 묶인 시간은 자습만이 아니에요. 뭐든 내일로 미뤄요. 삶을 어떻게 미룰 수 있냐고요!

아이들에겐 오늘이 없습니다. 선생은 부진한 성적의 책임으로부터 벗어나려 애들을 위해 애쓰는 모습을 연출하고, 아이들 보호를 빌미로 자신을 보호하려 자신 앞에 앉혀두는 시간을 최대한 늘립니다. 이 속에서 아이들의 오늘은 철저히 묻힙니다.

학생1   이젠 방과 후 자습이 필수 일과가 되었어요. 아이들이 스스로의 필요에 따라 요일이나 시간을 선택적으로 고를 수 없어요. 생활 태도도 규격화되어 있고요. 학교가 세운 일방적 생활규율을 조건 없이 따라야 하는 '학교 집권적 계획생활'인 셈이죠.

'내일'을 위한다는 명분이 '오늘'을 선택할 기회를 빼앗습니다. '내일'은 또 다른 '오늘'이 되어 감금됩니다. 과연 애들의 삶에 빛이 들긴 할런지요.

학생1   근데 부모님도 선생님과 생각이 비슷해요. 학교에 오래 있었으면 하거든요. 어쩌다 이른 시간에 집에 가면 부모님이 깜짝 놀라세요. 이른 귀가는 부모님에겐 '큰 일'인 거죠.

부모님의 놀람은 이른 시간에 학교를 떠나는 건 '내일'을 망가뜨리는 거라는 잘못된 생각이 빚은 비극입니다.

학생1 이른 시간에 학교를 벗어난다는 건 엄마나 아빠에겐 상상할 수도 없는 일이에요.

어른에게 '오늘'은 '내일'을 위한 제물입니다. 수정이는 '내일'을 위해 제물이 되어가는 '오늘'을 그저 물끄러미 바라볼 수밖에 없습니다. 매일 매 순간 '오늘'은 '내일'을 위해 제물로 사라집니다.

학생1 제가 활달하게 움직이면 어른들은 걱정 어린 시선으로 바라보세요. 뭔가 몸도 마음도 흐물거리고, 축 처지고, 대화도 줄고, 밥도 먹는 둥 마는 둥 하고, 움직임도 둔하고, 살빛엔 핏기도 없고, 해쓱해야 오히려 안심이 되는 모양이에요.

싱싱한 기운이 있고 기세가 활발하면 수험생으로서의 도리를 다하지 않는 것으로 판단합니다. 뭉그러지고, 초췌하고, 창백한 모습에서 편안함을 느낍니다. 시들시들한 오늘의 모습에서 빛나는 내일을 보는 모양입니다.

학생1　수험생은 인간으로서 누려야 할 기본적 욕구조차도 사치라고 생각하니까요.

웃음도, 편안함도, 쉼도 박탈당한 세대입니다.

학생1　저는 지치고 비틀거리는 모습에서 희망을 보는 부모님이나 선생님이 야속해요. 시원찮은 오늘로 어떻게 건강한 내일을 만들 수 있을까요? 오늘과 내일이 다른 날이에요? 하나잖아요. 나라는 존재도 오늘과 내일에 걸쳐 존재하는 거구요.

오늘은 어제의 내일입니다. 내일은 그 다음날의 오늘이고요. 결국 부모나 선생의 세계에서 인정받는 날은 오지 않습니다. 오히려 불안함을 품고 내일을 걱정하느라 쏟아 붓는 에너지가 줄어든다면 오늘 우리가 할 수 있고, 하고 싶은 일에 더 몰두할 수 있고, 행복한 미래는 자연히 도래하게 될 텐데도 말입니다.

학생1　선생님이 오히려 장애가 아닌가 싶어요. 내일을 펼치는 데 말이에요. 팔다리가 다 묶인 오늘, 어떻게 내일을 열 수 있는 힘을 기를 수 있을까요?

그래서 묻습니다.

"오늘은 오늘을 위한 날 아닌가요?"

보고, 듣고, 먹고, 입고, 가고, 만나고, 읽고, 쓰고 하는 모든 것은 오늘이 아닌 내일을 위한 거라네요. 내일에 도움이 되지 않는 것은 볼 수도, 들을 수도, 먹고 입을 수도 없습니다. 그건 내일을 망가뜨리는 일이랍니다.

"오늘도 분명 내 삶의 일부분인데 그걸 잃고 살아야 한다는 게 너무 화가 나요."

아이들이 서 있는 오늘의 의미는 내일이 아닌 오늘에 있습니다. 오늘과 내일의 가치는 같습니다. 아이들의 오늘을 내일을 위한 날로 취급하는 것은 아이들의 오늘을 죽이는 일과 진배없습니다. 죽은 오늘로 내일을 살 수는 없는 일 아닐까요? 우리가 가진 유일한 일생은 지금 이 순간 펼쳐지는 오늘입니다. 오늘을 버리면 내일도 없습니다. 결국 일생을 버리는 겁니다.

우리 생각이
병든 생각인가요?

학생1 자꾸 버리래요. 이건 이래서 안 되고, 저건 저래서 문제라면서요.

수진이는 이러다간 남는 게 하나도 없을 것 같다면서 걱정합니다.

학생1 학교에 오면 모든 걸 포기해야 돼요. 좋아한다고 좋아할 수 있
는 것도 아니고, 하고 싶다고 할 수 있는 것도 아니에요.

선생의 생각으로부터 조금만 벗어나도 그 아이는 순식간에 '다른'
사람이 아니라 '틀린' 사람이 되고, 배제의 대상이 됩니다.

학생1 그래서 뭘 하든 선생님 눈치를 먼저 살피게 돼요. 어차피 선생님 뜻대로 해야 하니까요.

눈치 없는 아이들은 졸지에 '비정상'이 됩니다.

학생1 제 뜻은 많이 사라졌어요. 불필요하니까요. 제 뜻이라는 건 선생님과의 사이만 벌어지게 만들 뿐 아무 짝에도 쓸 수 없는 폐품이죠.

수진이는 학교가 즐거움을 빼앗고, 좋아하는 일을 할 수 없게 하고, 생각조차 멎게 하는 것이 아닌가 싶답니다.

학생1 학교는 단 한 사람만이 말할 수 있는 자격이 있어요. 하나의 언어만 존재하고, 하나의 생각만 허용되죠.

수진이는 아이들의 생각을 선생의 생각으로 채색해서 획일화하는 것에 불만을 토로합니다.

학생1 그건, 아이들에 대한 존중감이나 그들의 생각에 대한 공감 능력이 부족해서라고 생각해요. 아이들을 본성상 무능한 존재로 간주하는 것이 아닌가 싶어요. 처음부터 애들은 무가치한 존재라는 인식을 깔고 시작하는 거죠. 그러니까 아이들을 외면하는 게 당연하죠. 그럼 아이들은 점점 더 무력한 존재로 변하겠죠.

이런 상황이 지속되면 애들은 자신의 언어로 자신의 생각을 드러내는 경우가 점점 줄어들 겁니다. 생각이 사라지면 존재 자체도 의미가 사라지는 겁니다.

학생1 결국 소멸하게 되겠죠. 애들은 물론 애들을 위한 교육도요.

아이들에게 자신을 드러낼 기회를 주지 않는 건 아이들의 능력을 파괴하는 일입니다.

학생1 마치 농촌에서 풀이 자라지 못하도록 씌워놓은 검은 비닐 속 풀이 된 것 같은 느낌이에요.

자유롭게 자신을 드러내고, 자유롭게 자신을 만끽하며 지낼 수 있도록 돕는 일, 그것이 교육입니다.

학생1 성장하려고 학교에 온 거잖아요. 약한 건 강하게 하고, 적은 건 많게 하고, 거친 건 다듬고요. 그런데 아예 꺼내지도 못하게 하잖아요. 그냥 주는 대로 받기만 하라는 거예요. 이건 우리가 지니고 있는 걸 죽이는 거 아닌가요? 이건 폭력이죠.

수진이는 학교가 폭력소이고 선생이 폭력배냐면서 얼굴을 구깁니다. 수진이는 선생의 생각에 힘 한번 못쓰고 버려지는 자신의 생각을 안타깝게 다독입니다.

학생1 학교는 마치 애들의 생각이나 가치가 병든 것처럼 여기는 것 같아요. 뭐든 고치려고 들잖아요. 우리 생각이 병들고 상한 거예요? 행여 병들었다면 아이들의 고유 생각이나 가치를 되살려야하는 거 아닐까요? 근데 애들 것을 통째로 걷어내고 선생님 것으로 교체하잖아요. 그건 정말 끔찍한 일 아닌가요?

그건 수많은 아이들의 생각과 가치들을 생매장하는 것과 다르지 않답니다.

학생1 학교가 아이들의 생각을 묻고 가치를 불사르는 곳인가요? 생각했던 그리고 고이 간직했던 가치들이 학교에 머무는 동안 자신도 모르는 사이에 사라진다고요. 정말 눈물 나요. 그리고 아이의 생각을 묻은 자리에 선생님의 생각을 심는 거죠. 이젠, 아니 오래전에 아이의 생각에 생존의 적신호가 켜진 거예요. 조금만 더 학교에 머물면 생각은 아예 흔적도 찾아볼 수 없을 걸요.

선생은 애들의 생각과 욕구를 밀어버리고 그 자리에 선생의 생각과 욕구를 심습니다. 애들이 사라진 자리엔 선생이 자랍니다.

학생1 그럼 애들은 선생님의 욕구와 선생님의 생각, 선생님의 의지로 채워진 낯설고 어색한 무언가가 되겠죠.

수진이는 점점 '선생화'되어 스스로 해결할 수 있는 게 거의 남아 있지 않게 된다는 사실을 안타깝게 바라봅니다. 꿈도 능력도 그렇답니다.

학생1 하나하나 야금야금 사라지는 게 느껴져요. 뭐든 말하면 말을 끝맺기도 전에 '말 같은 소리를 해라.'라는 핀잔이 먼저 돌아오거든요.

입시 상담할 때면 꿈이나 가치의 위기가 더 실감나게 다가온답니다.

학생1 성적으로 지워지고, 가치의 차이로 지워지고……. 어쨌든 가지고 있던 생각들이 싹 갈아엎어져요. 특히 성적표 앞에서는 뭘 어찌할 도리가 없어요. 모든 걸 성적에 맞춰야 하니까요. 성적이 꿈을 정해주고, 진로를 일러주고, 삶을 결정하잖아요.

입학 후 지난 1년 동안 그동안 간직했던 많은 꿈들이 사라졌답니다. 아니 버릴 수밖에 없었다면서 한숨을 토합니다.

학생1 문제는 새로 기르기 시작한 새 꿈의 운명이에요. 성적표가 꿈의 성취 가능성을 판단하는 핵심 잣대로 변치 않는 위상을 차지하고 있으니 마음을 놓을 수 없어요. 선생님을 만나고 온 친구들의 꿈들도 상당 부분 소멸 위기에 처해 있거든요.

뭘 어찌해야 할 지 모르겠다며 고개를 젓습니다.

학생1 왜 무시하고 짓뭉개요. 오히려 격려해주고 잘 자랄 수 있도록 도와줘야 하는 거 아닌가요? 전 애들의 꿈이나 생각은 그것이 윤리성을 잃지 않는 한 보존되어야 할 소중한 사회적 자산이라고 생각해요.

애들의 것 중 버릴 것이 없답니다.

학생1 지금 학교에서 제도나 정책, 그리고 선생의 가치관에 의해서 위협받고 있는 수많은 생각이나 가치들을 구할 긴급 조치가 필요하다고 생각해요. 정말 급해요. 그렇지 않으면 우리의 생각이나 가치, 능력의 상당 부분을 영원히 상실할 수 있기 때문이에요.

수진이는 묻습니다.

"우리 생각을 왜 제거해야 할 장애물로, 교체해야 할 쓸모없는 생각으로 치부하는지."

오늘 아이들의 생각은 모두 자연 환경이나 사회 환경에 적응하기 위한 자기들 나름의 노력이 반영되어 있다면서 말입니다.

"아이들의 것을 이해하려는 노력을 해야 되는 거 아니에요? 그리고 꼼꼼히, 성의를 가지고, 성실하게 살펴야 되는 것 아니냐고요. 애들의 것은 무조건 볼 가치도, 들을 이유도, 살펴볼 필요도 없는 것으로 치부하고, 자신들의 것으로 대체하는 건 애들의 삶을 짓이기는 거죠. 끔찍한 일이에요. 문제는 그 선봉에 선생님이 있다는 거죠."

이것이 학교에 머무는 것이 무서운 이유랍니다. 선생과 다른 곳을 바라보고, 다른 것을 생각하고, 다른 것을 좋아하고, 다른 길을 가리키는 아이들은 배제와 혐오의 대상이 되니까요.

아이들의 삶을 일방적으로 기획하는 건
잘못된 권위 아닐까요?

선생2　자, 오늘도 행복해라.

　수업 끝 종이 요란스레 울립니다. 몸뚱이를 옮겨야 하는 애들은 만사가 귀찮다는 듯 몸을 이리저리 비틀어댑니다. 얼굴은 구길 대로 구기고, 입에서는 거친 쌍시옷들이 뾰족하게 날을 세운 채 쏟아집니다. 그런 애들을 향해 인사를 건넸습니다.

학생1　포기한 게 언젠데요.

　어느 새 옆으로 다가온 미성이가 어이없다는 듯 툭 한마디 던지면서 눈을 흘깁니다.

선생2 응, 미성이구나. 근데, 뭘? 행복?

　　대답 대신 고개를 끄덕입니다.

학생1 행복은 저절로 굴러오는 게 아니잖아요. 누가 만들어주는 것도
　　　　아니고요. 누구든 자신의 삶 속에서 스스로 만들어가는 거 아
　　　　니에요?
선생2 음……, 그렇지.
학생1 근데 저희에겐 저희만의 삶이 없잖아요. 삶의 기회가 없는데 어
　　　　떻게 행복을 만들 수 있겠어요?

　　듣고 보니 그랬습니다. 애들의 삶은 철저히 외부의 힘과 규칙에 의
해 작동되고 있으니까요.

학생1 학교에서는 선생님이 저희 삶을 기획하잖아요. 저흰 그대로 살
　　　　아야 되고요. 이런 삶에서 행복을 찾는 건 무리죠.

　　생각 없는 인사가 평온했던 미성이의 감정을 흩트려놓고 말았습
니다.

학생1 학교에서의 삶은 살아지는 거예요. 제 뜻에 따라 살아가는 게
아니라요. 그냥 움직이는 거죠. 이유도 모른 채 말이에요. 저만
그런 거 아닐 걸요. 대부분의 친구들이 그렇죠. 그냥 하는 거잖
아요. 무얼 읽든, 풀든, 외우든, 그래야 된다니까 그런가보다 하
는 거 아니겠어요.

미성이는 수동적 보호의 대상이 아닌 자신의 힘으로 지금 현재를
살아가고 싶습니다. 그래야 행복을 꿈꿀 수 있다면서 말입니다.

학생1 우리의 삶은 행복과는 거리가 멀어요. 억눌린 삶에서 무슨 행복
이 있겠어요.

바닥을 툭툭 차는 폼이 선생의 뜻에 좌지우지되는 삶을 살 수밖에
없는 사실에 화가 나는 모양입니다.

학생1 정말 우리 엄마 웃겨요.

미성이는 느닷없이, 불쑥 엄마를 소환합니다.

학생1 얼마 전엔 급하게 집을 나서는데, 갑작스럽게 문과 쪽 과목을
신청하라는 거예요. 선생님과 이야기해보니 제가 문과 성향이

라고 했다면서요. 실은 오랫동안 고민하고 있었거든요. 과목 선택을 놓고요. 근데 웃기지 않나요? 제3자끼리 제 삶을 상의하고 정한다는 게요.

미성이는 애들에게 맡기면 위험하다는 말을 들을 때마다 화도 나고, 어른들이 얼마나 아이들에 대해 무지하고 관심이 부족한 지 생각해보게 된답니다. 그러면서 엄마도 자신에 대한 믿음이 부족하고, 자신의 삶을 기획하는 선생의 가치를 옹호하고, 동조한다는 점에서 공통점을 보인다고 안타까워합니다. 엄마와 있었던 이야기를 하면서 어깨는 더 늘어집니다. 그리고 어이없다는 듯 실실 웃음을 토합니다.

학생1 사실, 잠깐만이라도 제 뜻이 반영된 삶을 살아보는 게 소원이에요. 그 누구의 방해도 받지 않는. 제가 하고 싶은 것을, 제가 원하는 곳에서, 제가 원하는 방식대로, 제가 원하는 때에 말이에요.

미성이는 진정으로 자신들을 보호하고 싶다면 학교생활 속에서 건강하게 자신의 권리를 누릴 수 있도록 기회를 주어야 한다고 말합니다.

학생1 저는 어떤 상품을 만들어달라고 누구에게 맡겨진 물건이 아니잖아요. 그런데 왜 제 삶을 가지고 이리저리 재고 자르는지 모르겠어요. 아니 제 삶이 누구의 소유가 아니잖아요. 전 제가 만들고 싶어요. 한낱 미물이라는 곤충들도 스스로 먹이를 구하고, 자신의 힘으로 자신의 삶을 변화시키는데 저는 뭐냐고요.

미성이는 자유로움이 얼마나 중요한 삶의 주제인지 새삼 깨닫습니다. 그러면서 속마음과 다른 모습으로, 다른 감정으로 무언가에 이끌려 살아지는 자신이 애처롭게 다가옵니다.

학생1 점점 의욕이 사라져요. 삶에 대한 애정도 식는 것 같고요. 제 삶을 마치 다른 사람에게 세라도 놓은 것 같아요. 그리고 저는 거들떠도 보지 않는 거죠.

선생2 …….

학생1 사실, 삶을 대하는 제 태도가 두려워요.

미성이는 마치 다른 사람의 삶을 구경이라도 하듯 자신의 삶 주변을 두리번거리고 있습니다. 삶을 놓고 갈팡질팡합니다.

학생1 뭐가 되든 되겠죠. 뭐, 어떻게든 살아지지 않겠어요?

미성이는 아이들의 삶을 돌아보지 않는 무심함, 아이들의 느낌과 생각에 공감할 줄 모르고 일방적으로 밀어붙이는 권위에 화가 납니다. 그리고 그 권위에 짓눌린 채 삶을 낭비하고 있는 자신이 애처롭습니다.

"아이들의 삶을 일방적으로 기획하는 건 잘못된 권위 아닐까요?"

시작종이 울리자 미성이는 선생이 기획한 삶에 이끌려 다음 교실로 발걸음을 옮깁니다. 아이들의 천성을 보호하는 것이 외부의 힘으로 개발하는 것보다 훨씬 교육적이고 인간적임을 기억해야 합니다. '내버려 둠', 이것이 정답입니다. 어른의 손길이 닿을수록 아이들의 본 모습은 일그러져 사라질 테니까요.

왜,
구걸하게 만드는 거죠?

선생 아이고 미안하다. 깜빡했네. 다음 시간에 와라.

벌써 몇 번째 '깜빡'한 건지 알 수 없습니다. 없는 시간 어렵사리 짬 내서 찾아오는 건데 올 때마다 빈손으로 돌아섭니다.

학생1 자소서 쓴 게 있거든요. 그래서 한번 읽어봐 주셨으면 하고 부탁 드렸는데…, 글에 곰팡이라도 필 것 같아요. 하도 오래 돼서요.

윤서는 들고 있던 또 다른 유인물을 꼬기작꼬기작 접어 주머니에 깊숙이 쑤셔 넣습니다.

학생1 저만 동동거릴 뿐이죠. 애들 일인걸요. 선생님에겐 아예 상관
도, 관심도 없는 일이에요. 부탁한 제가 잘못이죠.

선생은 아이들 삶에 무심하고 느릿느릿 태만합니다. 돌아서는 윤서
의 얼굴엔 서운함이 한가득입니다.

선생 바쁜 일 때문에 깜빡했다. 다음 시간에 나눠줄게.

나눠주기로 했던 유인물을 잊고 온 선생의 변입니다. 선생은 자신
의 필요에 따라 필요한 만큼만 생각하고, 필요한 만큼만 움직입니다.

학생2 어떻게 예고도 없이 일방적으로 일정을 바꿀 수 있어! 이 평가
준비 때문에 다른 과목 공부 일정도 다 바꿔놨는데.
학생3 정말 어떻게 눈 하나 깜빡하지 않고 천연덕스럽게 다음 시간을
말하냐, 정말 염치라곤 눈을 씻고 찾아도 찾을 수 없어.

선생들은 대체로 아이들 부탁엔 건성입니다. 약속도 '필요'가 지킬
지 어길지를 정합니다. 아이들과의 약속은 그다지 지켜야 할 필요도가
높지 않습니다. 아이들과의 약속은 지키고 싶을 때, 지키고 싶은 만큼
만 움직이면 되는 일입니다. 아이들로부터 돌아올 불이익이 없기 때문
입니다.

선생 아이고 그게 오늘이었니? 깜빡했다. 다음 시간에 하지 뭐.

약속을 어겼다고 불편함도 없습니다. 그냥 '다음'만 외치면 될 일입니다. 선생의 약속 위반은 편안한 일상입니다.

학생3 그런데 수행평가는 제출기한을 어기기만 하면 여지없이 점수를 깎잖아요. 점수를 깎는 건, 약속 위반은 잘못이라는 거고, 잘못에 대한 대가를 묻는 거잖아요. 그런데 선생님은 자신의 잘못에는 관대해요. 뭐 당연한 듯 여겨요. 그러고도 당당하고. 미안한 기색도 없어요. 약속은 애들에게만 주어진 준칙인가 보죠? 어른은 필요에 따른 선택이고.

이건 단순히 약속만의 문제가 아닙니다. 인간을 대하는 태도의 문제입니다.

학생3 선생님 눈에 학생은 귀한 존재가 아니에요. 함부로 대해서는 안 될 존엄한 존재라는 인식이 조금이라도 있다면 이렇게 아무렇게나 대할 리 없죠.

귀함은 이익이 정합니다. 자신에게 이익이 되는 존재는 귀한 존재요, 얻을 것이 없는 존재는 천한 존재입니다.

학생3 자신에게 이익이 되는 일이라면 아마 발 벗고 나설 걸요. 근데 애들이야 이익과는 거리가 머니까 열의를 보일 하등의 이유가 없는 거죠.

상대에 대한 태도 또한 그로부터 돌아올 이익이 정합니다. 자신의 태도는 상대로부터 이익을 얻기 위한 수단입니다. 이익을 얻기 위한 방편인 거지요.

학생4 이익이 되는 일 앞에서라면 쓸개를 내놓고, 허리를 접고, 비위를 맞추어 알랑거리고, 환심을 사려 웃음을 질질 흘릴 텐데 애들이야 뭐 그럴 이유가 없는 거죠.

약속을 지켰을 때 돌아올 이익이 없고, 어겼을 때 돌아올 불이익이 없다면 굳이 약속을 열심히 지킬 까닭이 없습니다.

학생3 애들은 대충 대해도 되는 존재인 거죠. 그렇다고 선생님과 학생 사이의 위계가 뚜렷하고 견고한 상황에서 대놓고 왜 약속을 어기냐고 따질 수도 없는 문제고……, 따진다는 건 자살 행위나 다름없거든요. 그러니 그냥 그러려니 할 수밖에 없는 일이죠. 이게 약자의 설움 아니겠어요?

약자란 자신에게 이익이 없는 존재입니다. 학생이 약자인 것은 선생에게 어떤 이익도 되지 않는 존재이기 때문입니다. 관심을 기울이고 돌아볼 이유가 없는 겁니다.

"그 자료는 언제 주시나요?"

'깜빡'을 말하는 선생에게 아이들은 묻습니다.

"왜, 구걸하게 만드는 거죠."
"왜, 구걸하듯 애원하게 하냐고요."
"우리가 구걸하기 위해 이 고생하는 줄 아세요."
"우리가 짊어지고 다니는 가방이 동냥주머니로 보이냐고요."

학생들은 자신들을 걸인으로 만드는 이유가 궁금합니다. '읽어 달라고, 보여 달라고, 나눠 달라고, 말해 달라고……' 선생이 아이들 앞에서 이익을 탐한다면 길을 잘못 들어선 겁니다. 아이들을 위하는 양 거짓 탈을 쓰고, 뒤로 자신의 잇속만을 챙긴다면 그건 죄를 짓는 일입니다. 선생 일신의 이익이 아닌, 아이들의 이익을 좇아 그 길을 함께 걷는 것이 선생이 걸어야 할 길이기 때문입니다.

아픔 5

관료적 시선

과목에 신분을 부여한 것이
우린가요?

학생1 신서야, 수학 문제 잘 풀리니? 신서는 수학귀신이에요!

수업 중 학수가 옆자리에 앉아 있는 신서가 지금 무엇을 하고 있는지 은근 슬쩍 선생에게 일러줍니다. 수학 시간이 아님에도 엉뚱하게 수학 문제를 풀고 있다고 말입니다.

학생2 아, 아니에요, 선생님.

깜짝 놀란 신서는 주섬주섬 문제지를 집어넣으면서 선생의 눈치를 살핍니다. 그러다 선생과 눈이 마주치자 사정을 밝힙니다.

학생2 쉬는 시간에 풀다 조금 남은 것이 있어서 마저 풀려고…….

　끝맺지 못한 일을 마무리하려 한 잠깐의 사건이랍니다. 신서의 변명에 아이들의 시선이 쏠립니다. 그러더니 어이없다는 반응들이 여기저기서 튑니다. 아마도 한두 번 있었던 일이 아닌 것 같습니다.

학생3 아니잖아. 사람이 솔직해야지. 넌 다른 시간에도 수학만 하잖아. 사실 너 지난 ○○시간에도 수학만 하던데.
학생4 그래, △△시간에도 한 시간 내내 수학만 풀고.

　신서 시간표엔 오직 수학만 있답니다. 시간표가 아무리 이 시간의 과목을 일러주고 새로운 선생이 새로운 얼굴을 내밀어도 수학이 차지한 신서의 책상은 변하지 않는답니다. 아이들의 떼창으로 신서가 코너에 몰렸습니다. 그러자 신서는 작심이라도 한 듯 내부고발을 시작합니다.

학생2 너 진철이는 △△시간에 영어 했잖아. 숙희, 희서, 준희 넌 늘 국어 하고……그리고 또.

　공범자는 계속 불어납니다. 아닌 사람 찾기가 더 수월해 보입니다. 신서의 공범 찾기가 계속되자 신서에게 향했던 아이들의 시선들은 빛을 잃습니다. 누가 누구에게 손가락질할 처지가 못 돼 보입니다. 아이들은 국·영·수가 주체가 되는 삶에 거의 만장일치로 동조하고 있었습니다.

선생2 선생님이 너희 공부를 방해하는 것 같은 걸.
학생5 죄송해요. 선생님. 사실 저희들도 모든 과목을 다 열심히 하고 싶어요. 그런데 그것으로는 대학 문을 열 수 없으니 어쩔 수 없이 그런 거죠. 국·영·수가 그나마 믿을 만한 열쇠라고 생각하니까요. 사실 저희도 답답하고, 갑갑해요. 국·영·수에 매여 사는 게요. 마치 국·영·수가 우리의 생명을 파괴하고 있다는 느낌마저 들어요. 그렇다고 피할 수도 없잖아요. 대학에 갈 수 있는 가장 강력한 조건이니까요. 맞아요. 대학으로 가는 모든 길은 국·영·수로 통하잖아요. 정말 하루라도 문제를 풀지 않으면 불안해요.

더 나은 내일을 만들어준다는 숭고한 믿음이 국·영·수에 순종하게 합니다. 그러나 이와 같은 국·영·수의 지배하에 살아가는 아이들의 삶은 기타 선생들에게는 심각한 불안과 혼란을 야기합니다.

선생 아, 짜식들 매시간 처자네. 어떡하지?

국·영·수에 지친 몸과 마음을 쉬기라도 하려는 듯 기타 시간은 아예 눈을 감고 귀를 닫습니다. 국·영·수의 침범에 어려움을 겪는 선생의 고심은 깊어집니다.

선생   그렇게 수업 태도 좋던 수경이도 관심이 없어. 이젠 아예 내 과목은 대놓고 무시하는 걸. 대책이 없어.

선생은 자신의 과목을 덮고 다른 과목에 기울이는 아이들이 못마땅합니다.

선생   이눔들이 이젠 아주 아무렇게나 해도 되는 과목으로 알아. 뭐 대충 때우려고만 들어.

절망을 느낍니다. 모든 과목이 대학 문을 여는 열쇠로서의 기능을 하기 전에는 정지시킬 방법이 없는 듯합니다.

선생   억지로 앉아 있는 게 표시가 나. 자리에 앉자마자 시계부터 보잖아. 선생은 떠들든 말든 아예 관심 밖이고. 그러다 오뉴월 개 늘어지듯 슬그머니 퍼지고.

아이들 눈에 비친 기타 과목은 그냥 견뎌야 하는 과목일 뿐입니다.

국·영·수를 가로막는 장애물이기도 하고요. 선생과 아이들 사이를 갈라놓는 과목이기도 합니다.

선생   이젠 말발도 안 먹혀. 과목 신분이 낮으니 애들도 얕봐.

아이들의 시선이 선생의 삶을 자근자근 밟아댑니다.

선생   그러니 뭘 어쩌겠냐고. 낮은 신분 주제에. 차별하지 말라고, 모든 과목이 다 중요하다고 내세울 명분도 없고.

신분이 다른 과목들이 함께하는 교실은 언제나 불안합니다. 노여움에 가득 찬 얼굴로 바라보는 선생과 그 눈을 피하려는 아이들 간에 눈치 싸움이 매시간 이어집니다. 그럴 때, 아이들은 말합니다.
'국·영·수를 안고 사는 것은 자신들의 뜻이 아니라고.'
'국·영·수의 부름에 달려가는 것은 사회 위계에서 자신의 지위에 대한 불안 때문이라고.'
'사주로 운명을 점치듯 대학에서는 국·영·수로 수학 능력을 점치기 때문이라고.'
그리고 덧붙입니다.
'과목에 신분을 부여하고 높은 신분의 과목을 붙들고 있는 건 자신들의 뜻이 아니라고.'

'그건 사회가 부여한 거고 사회가 부추기는 거라고.'

'자신들도 하고 싶은 것, 보고 싶은 것 하지 못하고 국·영·수에 매여 있는 희생자라고.'

'자신들도 날이 갈수록 심하게 조여 오는 국·영·수의 압박에서 벗어나고 싶다고.'

국·영·수는 아이들에겐 헤어날 수 없는 족쇄고, 기타 선생에겐 자신의 존재를 갉아대는 좀스럽고 비열한 권력입니다. 이젠, 국·영·수라는 굴레로부터의 해방을 외치는 아이들의 욕망은 공허한 외침이 되고, 들어달라는, 봐달라는 낮은 신분 선생의 바람은 점점 지질하고 천박한 욕망이 되어갑니다.

왜, 선생님 가까이 가야 되는데요?

교실에 들어서니 평소와는 다른 풍경이 펼쳐집니다. 뭐가 그리도 좋은지 애들이 화성을 이루면서 웃고 있습니다. 어떤 녀석은 우스워죽 겠다며 배까지 움켜쥡니다. 우두커니 그 모습을 지켜보자니 수현이가 웃음의 이유를 말해줍니다.

학생1 수업시간에 애들이 전부 교탁과 멀리 떨어져서 앉았었거든요. 근데 선생님이 앞자리부터 앉으라고 하시는 거예요. 그런데 아무도 움직이지 않았어요. 마치 약속이라도 한 듯이요. 그때 그 선생님의 표정이 얼마나 웃겼는지 아세요? 딱하고, 민망하고, 창피하고……. 그 불쌍한 표정하며……. 정말 안됐더라. 내가

다 부끄럽더라. 나라도 앉아줄 걸 그랬나봐.

학생2 그러지 그랬니. 적선할 좋은 기회였는데.

학생3 얘, 뭐가 안됐니? 자업자득이지.

선생2 앞자리를 왜 비워뒀니? 선생님과 가까이에 있는 게 좋지 않니?

애들 얘기 틈에 슬쩍 끼어들었습니다.

학생1 물론 로얄석이죠. 그런데 그 시간엔 달라요. 애들이 그 선생님 근처에 가는 걸 좋아하지 않거든요. 수업을 듣는 것만으로도 짜증나는 일인 걸요. 그런데 그 선생님 가까이 앉는다는 건 생각할 수도 없는 일이에요.

아이들은 가까이 다가서지 않은 이유를 선생에게서 찾았습니다. 그 선생이 몸과 입으로 지은 악업이 많은 듯 보였습니다.

어린 시절, 선생님 곁에 더 자주, 그리고 더 가까이 다가가기 위해 애썼던 기억이 납니다. 쉬는 시간이면 선생님은 우리들의 연필을 깎아 주시곤 했습니다. 그래서 쉬는 시간만 되면 친구들은 손가락 크기만 한 몽당연필을 들고 선생님 앞에 길게 한 줄로 늘어섰습니다. 연필을 제 손으로 깎기 어려웠던 것도 있지만, 선생님께 한 번이라도 더 가까이 다가갈 구실을 찾았던 겁니다.

선생님은 언제나 애들을 친절하게 대하셨습니다. 그리곤 아이들이 가져온 몽당연필을 일일이 정성스럽게 깎아주셨습니다. 작고 뭉툭했던 연필이 선생님 손을 거치면 날렵한 모습으로 변했습니다. 새로 태어난 연필을 받아들고 행복해 하던 작고, 꼬질꼬질하고, 트고, 갈라진 손들이 지금도 눈에 선합니다.

선생님의 연필 깎기는 하루도 쉴 틈이 없었습니다. 선생님 곁을 차지하려는 애들의 발걸음이 끊이질 않았기 때문입니다. 선생님은 애들의 발걸음을 한 번도 다음으로 미루지도, 되돌려 보내지도 않았습니다. 누구보다 애들을 먼저 만났고, 무엇보다 애들을 먼저 챙기셨습니다.

선생님은 연필만 깎는 게 아니었습니다. 두 손으로는 연필을 깎으시면서 늘 재미있는 말씀도 곁들이셨습니다. 수수께끼도 내주셨고, 스무고개도 하셨습니다. 때로는 아이들 부모님 건강도 걱정하셨고, 누구네 송아지 낳은 이야기도 해주셨습니다. 애들은 선생님 코앞까지 머리를 들이밀고 선생님 이야기를 들었습니다. 그리고 선생님 이야기에 울고 웃었습니다.

그 시절은 선생님을 보는 것만으로도 가슴이 뛰었습니다. 그리고 연필에서 풍기는 그윽한 향은 선생님의 향이 되었습니다.

요즘은 깎을 필요가 없는 연필이 대세입니다. 어쩌다 깎아 쓰는 연필을 볼 때면 선생님을 만난 것처럼 반갑습니다. 작은 의자에 앉아 구부정한 모습으로 연필을 깎아주시던 선생님이 그리워집니다. 선생님의 푸근한 목소리가 들리는 듯합니다.

어느 날 청소 시간, 누군가가 흘린 듯 교실 바닥에서 뒹구는 울퉁불퉁한 모습의 몽당연필을 보았습니다. 반갑게 주워들었습니다. 교무실로 가지고 와서 정성껏 깎았습니다. 그리고 선생님의 향을 맡았습니다. 선생님의 솜씨는 없었지만 코흘리개 어린 시절이 묻어났습니다. 다시 그 교실 교탁 위에 올려놓았습니다. 받아든 손길도, 고맙다는 인사도 없는 혼자만의 행사였지만 옛적 선생님과 친구들을 만난 작은 추억놀이였습니다.

선생으로 살아온 지금, 아이들이 앞 다퉈 찾은 적이 있는지, 아이들을 설레게 해준 적이 있는지, 감동을 준 적이 있는지, 기쁨과 즐거움을 베푼 적이 있는지, 가슴을 뭉클하게 해준 적이 있는지, 아이들이 앞 다퉈 다가서는 존재인지 돌아봅니다. 지금도 연필에서 선생님의 향을 맡습니다.

아이들에게 어떤 모습으로 기억될 지, 아이들에게 어떤 향으로 남게 될는지요. 적어도 아이들이 뒷걸음질 치는 일은 없었으면 좋겠습니다. 거리 조절의 실패는 관계의 실패로 이어질 가능성이 높기 때문입니다.

"왜 선생님 가까이 가야 되는데요? 우린 그 선생님 가까이 가기 싫거든요."

애들의 목소리가 오랫동안 남습니다. 선생님에게 가까이 다가서는 일이 선생님의 요구가 아닌 아이들의 바람이 되었으면 좋겠습니다.

성장을 위한
과제가 맞나요?

학생1　어휴, 너무 어려운 거 아냐?

학생2　저거 다 하려면, 아휴. 어떻게 하지?

학생3　근데, 문제는 저게 전부가 아니잖아. 아직 안 나온 과목은 또 어
　　　　쩌고.

　　교실 앞에 붙여놓은 과목별 평가계획서를 본 애들이 얼굴빛을 잃습
니다. 팀 프로젝트, 논술 평가, 토론, 에세이 쓰기, 체험담 쓰기, 탐구
보고서, 포트폴리오……. 평가 항목이 끝이 없습니다.

학생1　얘, 이거 미친 거 아냐, 저걸 어떻게 다 하라고?

학생4 형성 평가는 또 어쩌고!

학생2 그것뿐이니? 독서 목록 봤어? 말이 안 나와.

학생5 그러게 말이야. 아예 생기부가 입을 떡 벌리고 있잖니. 읽은 책
적으라고. 그러니 어떻게 빈 칸으로 둘 수 있냐고. 어떻게든 채
워야지. 우리는 하루가 사오십 시간쯤 되는 줄 아나 봐. 정말 몸
이 열 개라도 버티지 못할 것 같애.

학생6 무슨 경고장 같지 않니. 이렇게 하지 않으면 죽는 줄 알라는.

애들에게 평가 계획은 무슨 협박이고 위협처럼 읽힙니다. 교실은
금세 애들의 한숨으로 그득 찹니다. 평가 항목의 무자비함은 아이들
을 금세 주눅 들게 만듭니다. 아이들은 평가 항목의 눈을 피해 복도로
나섭니다.

학생4 아니, 공부는 원래 우리가 잘 성장하도록 돕는 일 아니야.

학생5 나도 그렇게 생각해. 공부는 우리가 성장하는 데 필요한 식량
같은 거라고.

학생4 그치, 그럼 우리 너무 과식하는 거 아니야? 생각 없이 너무 막
먹이는 것 같애. 억지로 입 벌리고 막 쑤셔 넣는 거 같지 않니?
그 모습 상상해봐. 너무 끔찍하지.

학생5 듣고 보니까 그런 것 같은데, 먹어야 할 게 너무 많아. 이거 다
먹으면……. 와!

아이는 자신의 팔로 부른 배를 만들어 보이고 쓰러지는 시늉을 하면서 너스레를 떱니다.

학생6 근데, 먹는 걸로 끝나는 게 아니잖아. 소화를 시켜야 내 꺼가 되는 거잖아. 성장에도 도움이 되는 거고. 근데 소화를 시킬 수나 있겠니. 소화불량 걸릴 것 같지 않아? 그리고 또 다른 문제가 있어. 사람마다 몸에 맞지 않는 음식이 있잖아. 근데 이건 체질과 관계없이 누구나 무조건 다 먹어야 되는 거잖아. 억지로. 이게 성장은 고사하고 건강에 무슨 도움이 되겠냐고. 애 죽이는 거지. 와, 이건 공부가 아니고 고문 아니야.

평가 과제에 대한 불만은 끝이 없습니다.

학생7 그리고 또 하나!

그때, 한 쪽에서 가만히 듣고만 있던 아이가 소리칩니다.

학생7 그리고 이건 폭식이야. 폭식을 강요하는 거라고.

애들의 시선이 소리 나는 쪽으로 쏠립니다.

학생7 일정 기간에 몰려 있잖아. 평가가.

　가벼운 신경질로 시작된 평가 씹기가 공격성과 폭력성으로 번집니다. 모여 있던 애들이 폭소를 터뜨립니다. 듣고 보니 그렇습니다. 과식이나 폭식은 건강을 해칩니다. 건강한 성장도 담보할 수 없습니다. 선생이 제시한 과제를 모두 해결할 수 있다면 신의 경지에 도달할 것 같다는 애들의 푸념이 그냥 흘려도 좋을 불평으로만 들리지 않습니다.

　애들은 묻습니다. 교실 앞에 붙어 있는 과제가 선생의 필요나 편의가 아닌 아이들의 성장에 도움이 되는 과제인지, 애들의 능력을 발견하고 성장을 꾀하는 일과는 무관한, 오로지 성적만을 위한 과제는 아닌지 말입니다. 성장을 위한 과제가 오히려 성장을 멎게 하는 것은 아닌지, 과제 앞에서 움츠러드는 자신을 보면서 아이들은 강한 의구심을 드러냅니다.

왜 선생님 때문에
삶이 구겨져야 되죠?

학년 말이 되면 아이들은 들뜹니다. 꽉 막혔던 교실에 바람이 들고 융통성 없이 몰아치던 시간표에 조금은 여유가 생기기 때문입니다. 서로의 얼굴을 바라볼 짬도 나고, 노닥거릴 틈도 넓어집니다.

학생1   저만 다른 반이에요. 친한 친구들은 다 같은 반인데.
선생2   그래도 같이 듣는 과목이 많잖아.
학생1   그래도…….

애들에겐 한 뼘도 멀게만 느껴집니다.

학생1 근데, 담임은 누가 될까?

학생2 그래, 정말 걱정이야. 작년 그 선생님은 아니겠지?"

학생1 설마, 그러면 어휴. 생각만 해도 어지럽다 얘.

학생2 그 선생님이 담임이 되면 복역기간이 1년 연장되는 거야. 정말 끔찍해.

　　학년 말은 바뀌는 계절입니다. 학년은 물론 반도, 번호도 바뀌고 낯선 향을 지닌 낯선 아이로 짝꿍도 바뀝니다. 교실이 달라지고 늘 보던 책걸상도 어색하게 다가옵니다. 그러나 주된 관심은 담임입니다. 담임이 발표되기 전 아이들은 담임을 예상합니다. 전체 선생 중 10여 명으로 후보군을 압축하고 최선과 최악을 가립니다. 이 정도까지는 용서가 되지만 여기부터는……. 한숨이 깊어지는 무리가 있습니다.

학생1 선생니~임.

　　작고 가냘픕니다. 떨리는 소리엔 슬픔이 진하게 묻어납니다. 담임이 발표되고 얼마 후 민아가 잔뜩 구겨진 몸으로 찾아왔습니다. 교무실을 빠져나오자마자 민아는 천장을 바라봅니다. 흐르는 눈물을 감당하기 어려운가 봅니다. 건물 밖으로 나섰습니다.

학생1 왜, 자꾸 화가 날까요? 제 인생에서 최악의 순간을 맞은 것 같아

요. 작년엔 그 선생님 때문에 정말 힘이 들었거든요. 그래도 1년
만 견디면 좋은 일 있을 거라고 저 스스로 얼마나 위로하면서 견
뎠나 몰라요. 근데……. 좋은 일은커녕 더 깊고 깊은 암흑 속으
로 빠져드는 느낌이에요. 이젠 정말 저 자신을 위로할 염치도
없어요.

민아는 더 이상 말을 잇지 못하고 또다시 눈물을 흘립니다. 쇠락한
마음은 우울을 데리고 왔습니다. 삶에서 공포마저 느낀다는 민아. 세
상으로부터 버림받은 느낌이랍니다.

학생1 제 운명이 왜 이리 기구한지 모르겠어요. 또 얼마나 많은 상처
를 입어야 할지, 생각만으로도 벌써 지쳐요.

훌쩍이며 자신의 운명을 탓하는 민아의 아픔과 상심은 어설픈 헤아
림이나 보살핌이 들어설 여지를 없앱니다.

학생1 그래도 그 선생님의 비인격적 언사에 어느 정도 이골이 났어요.
내성도 생겼을 테고요. 그거 하나 믿어야지요.

기운을 찾으려 애쓰는 민아가 안쓰럽습니다.

학생1 아마 모르긴 해도 마음에 굳은살도 박혔을 걸요.

눈물 자국이 선명한 얼굴에 억지웃음을 짓는 민아를 보면서 생각합니다.

'선생이 한 아이의 꿈도 웃음도 빼앗을 수 있다는 사실을 말입니다.'
'선생이 한 아이가 삶을 혐오하게 만들 수도 있다는 사실을 말입니다.'
'그래서 선생이 한 아이의 삶을 파괴할 수도 있다는 사실을 말입니다.'

민아는 묻습니다.

'자신의 삶이 왜 선생 때문에 구겨져야 하는지.'
'왜 우울해야 하고, 마음이 찢기는 아픔을 겪어야 하는지.'
'왜 차갑고, 거칠고, 무겁게 살아야 하고 점점 사람이 두려워지는지.'

민아는 왜 선생 때문에 마음을 졸여야 하고, 슬퍼해야 하는지, 왜 선생 때문에 웃음을 잃고, 울어야 하는지, 왜 아픔을 겪어야 하고, 갈가리 찢겨 분해된 몸과 마음을 홀로 움켜쥐고 아픔을 견뎌야 하는지 묻습니다.

교무실이
취조실이에요?

학생1 선생니~임!

　점심시간, 식사 후 잠시 짬을 내 학교 주변을 어슬렁거리고 있는데 누군가가 부릅니다. 희수와 진희입니다. 손에는 커다란 과자봉지가 하나씩 들려 있고, 아이들의 양 볼은 이미 잔뜩 부풀어 올랐습니다. 식당을 생략한 채 매점에 다녀오는 모양입니다.

선생2 어, 근데 점심은? 웬 과자야.
학생1 스트레스 받을 땐 당이 최고예요.
학생2 당이 스트레스를 쏴악 쓸어주거든요.

선생2 뭐, 안 좋은 일이라도 있었나 보구나.

애들과 운동장 옆 계단에 자리를 잡았습니다.

학생1 담임 선생님이 부르셔서 갔었거든요, 교무실에. 근데 옆에 있는
선생님들이 다 끼어들어서 한마디씩 하는 거예요. 그것도 큰
소리로요. 오고가는 애들도 다 쳐다보고, 얼마나 창피했나 몰
라요. 화도 나고요.

학생2 근데, 이건 거의 모든 애들이 받는 스트레스일 거예요. 우리 얘
기 중에는 비밀스러운 것도 있잖아요. 선생님에게만 해야 하는
말, 사실 선생님에게도 말하고 싶지 않지만 어쩔 수 없이 하는
거죠. 그런데 교무실에선 비밀보장이 안 돼요.

학생1 네, 그래요. 이쪽저쪽 사방에서 간섭하거든요. 교무실이 좁고,
공간도 개방되어 있잖아요. 그러니까 다 들려요. 저절로 모든
사람에게 공개되고 결국 모두의 이야기가 되는 거죠. 공개하고
싶지 않은 내용도 아주 자연스럽게 몽땅 전국으로 알려져요. 그
런데다가 우리 담임 선생님 목소리는? 와, 교무실이 터질 것 같
아요. 이건 아예 대놓고 공개하는 거예요. 다 들으라는 말과 같
아요. 다른 사람들은 듣고 싶지 않아도 들을 수밖에 없어요. 확
성기에 대고 말하는 것 같아요. 비밀이고 나발이고 없어요. 그
래서 교무실에 들어설 때마다 조마조마해요. 세상에 내 이야기

를 알리려 마이크 앞에 서는 기분이죠. 모든 게 공개되니까요.

그래서 선생이 부르는 것이 기쁘지 않답니다. 그리고 선생에게 하고 싶은 말이 있어도 웬만하면 참는답니다. 교무실을 다녀오면 문제가 해결되는 게 아니고 오히려 새로운 문제가 생길 뿐이라면서요.

학생2 교무실은 멀리하는 게 답이에요. 실은 선생님을 멀리하는 거죠. 교무실을 다녀오면 마치 고문실에서 취조라도 당하고 오는 기분이 들어요. 내 생각을 늘어놓을 자유도 없죠, 거기다 이 사람 저 사람으로부터 무차별 시선 공격을 받아야 되죠, 사생활은 적나라하게 들춰지죠, 정말 끔찍해요.

학생1 정말 그래요. 좀 편안한 공간이 있었으면 좋겠어요. 시장도 그런 시장이 없어요. 완전 난장이죠.

교무실에 들어서기만 하면 이 사람 저 사람 눈치를 살펴야 하고, 무언가에 쫓기는 기분이 들고 뭔가 늘 불안하답니다. 그러면서 편하게 이야기할 수 있는 공간이 있었으면 좋겠답니다. 주변의 시선으로부터 자유롭고, 이런저런 간섭을 받지 않아도 좋을 공간 말입니다. 편안하게 만날 수 있는 공간조차 없는 것은 슬픈 일이라면서요.

어느새 과자봉지는 꼬기작꼬기작 접혀 애들 손아귀에 갇혔습니다. 자리에서 일어서면서 희수가 한마디 합니다.

학생1 교무실이 취조실 같아요. 다녀오기만 하면 힘이 빠지는 걸 보면요.

힘을 얻고 문제를 해결하려고 찾았던 교무실이 오히려 힘을 잃고, 문제를 안고 나오는 취조실은 아닌지 아이들은 묻습니다.

우리가
임시 학생인가요?

학생1 선생님!

복도를 지나는데 서로가 서로를 둘러싸고 있던 아이들이 불러 세웁니다. 뭔가 심각한 일이라도 있는 듯 표정이 무겁습니다.

학생1 저…….

수민이가 뜸을 들이자 답답했던지 혜린이가 말을 잇습니다.

학생2 선생님, ○○쌤 그만 두시는 거 맞아요?

선생2　○○선생님? 글쎄, 잘 모르겠는 걸.

학생2　○○쌤 그만두신데요!

　아이들이 한 목소리를 냅니다. 애들 소리에는 진한 서운함이 묻어 납니다. 얼굴은 굳었고, 아이들 눈가는 이미 촉촉이 젖었습니다. 가슴 이 저릿합니다.

학생2　그 쌤 정말 좋았는데…….

　애들은 의자에 몸을 늘어뜨립니다. 표정도 사라진 아이들, 심정이 복잡한 모양입니다.

학생1　그 쌤, 애들에게 정말 잘해주셨어요. 수업도 재미있었고…….
　　　　그 쌤과 얘기도 많이 하고, 정말 잘 어울렸는데……. 언제든 찾
　　　　아가면 환영해주셨어요. 아무리 바쁜 일이 있어도 우리를 먼저
　　　　챙겨주셨고요. 그리고 무슨 얘기든 잘 들어주시고.

　애들은 가슴에 품었던 그 선생과의 추억을 하나둘 꺼냅니다. 애들 은 그 선생과의 추억이 망가질까봐 한마디, 한마디 조심조심 펼쳤습 니다.

학생2 그 교실만 보면 그 쌤 생각날 것 같아.

학생3 그치? 나도 그래. 그 쌤 수업하시는 모습은 잊지 못할 것 같애.

학생2 언제나 웃으면서 먼저 인사해주시곤 했는데, 이젠 볼 수 없다는
게 너무 슬퍼.

아이들은 그 선생 수업을 더 이상 들을 수 없다는 사실이 믿어지지
않는다면서 고이는 눈물을 손등으로 찍어냅니다.

학생2 어떻게 수업 하는 쌤을 갑자기 끌어낼 수 있어요? '너! 그만 둬'
뭐 이런 거잖아요. 특별한 잘못이 있는 것도 아닌데 끌어내리
는 이유가 궁금해요. 그리고 아무리 임명권자가 있어도 학생
입장도 생각해줘야 하는 거 아닌가요? 정말 화나요.

학생3 정작 그만두어야 할 사람은 따로 있는데……

○○선생은 기간제 선생입니다. 기간제 선생에게 선생은 '임시'로
머무는 자리고, 잠깐 머물다 일어서야 할 자립니다. '임시' 선생은 정해
진 기간만 선생입니다. '임시'라는 강요된 표식은 선생 본인은 물론 교
육 전체를 '임시' 교육으로 만듭니다. 임시 선생에겐 모든 것이 임시이
기 때문입니다. 담임도 임시고, 수업도 임시입니다. 학생도 임시고, 동
료 교사도 임시입니다. 학교도, 출근도, 업무도 모두 임시일 수밖에 없
습니다.

학생2 '임시'는 하루라도 빨리 끝내야 될 폭력적 문화라고 생각해요.
　　　　우린 모두 같은 인간이잖아요.
선생2 …….

　　아이들은 더 이상 말을 잇지 못합니다. 선생 가슴에 '임시'라는 이름
표가 붙는 순간 아이들 가슴에도 같은 이름이 붙습니다. 선생이 '임시'
면 아이들도 '임시'일 수밖에 없기 때문입니다. 선생과 아이 가슴에서
덜렁대는 '임시'라는 이름표는 선생과 아이가 인간이 아닌 '상품'이라
는 메시지입니다.

　　'임시'는 교육이 풀어야 할 과제입니다. '임시'라는 생각은 밖에 머물
게 합니다. 몸은 학교에 있지만 마음은 늘 학교 밖을 서성이게 합니다.
'임시'라는 무게가 교육을 더 힘겹고 아프게 합니다. 교육이 '임시'라는
사슬로부터 벗어날 때 교육은 제 기능을 할 수 있습니다. '임시 교육'은
없기 때문입니다.

　　아이들은 묻습니다.

　　"그럼, 저희는 '임시 학생'인가요?"

　　아이들을 '임시'로부터 벗어나 '정규'학생으로 만드는 길은 선생을
옭아매고 있는 '임시'라는 사슬을 벗겨내는 일입니다. 아이들의 이야

기는 오늘의 사건이 만든 단순한 짜증이 아닙니다. 홧김에 쏟아내는 불평은 더더욱 아닙니다. 자신의 생을 걸고 하는 이야기입니다. 선생의 갑작스런 실종사건은 아이가 마주하는 일상의 관계, 생활의 안정과 연결돼 있기 때문입니다.

학교,
빠질 수도 있는 거 아니에요?

학생1　아휴, 어떻게 그럴 수 있어. 아프다는데 굳이 전화를 해서 불러
　　　　내야겠냐고.

학생2　그러게 말이야. 아픈데 무슨 공부야. 아픈 몸으로 뭘 듣고, 뭘
　　　　보고, 풀 수 있겠냐고. 하루 쉬면 될 걸. 이러면 이틀 사흘 더 걸
　　　　릴 수도 있는 거 아니냐고, 이해불가야. 진짜, 짜증나, 뭐 그런
　　　　인간이 다 있나 몰라.

　　아프다는 애를 굳이 학교에 나오라고 강요했다면서 아이들이 열을
냅니다. 애들이 쏟아낸 불만은 삽시간에 복도를 가득 채우고 흘러 넘
쳤습니다.

학생1 아니. 그리고 오라고 했으면 뭔가 해줘야 되는 거 아니야. 그냥 방치하잖아. 애가 얼마나 고역이겠냐고, 하루 종일.

아이들은 잠시 숨을 고릅니다. 그러다 또다시 목청을 돋웁니다. 화가 가라앉지 않는 모양입니다.

학생2 동철이 점심도 못 먹었대. 도대체 학교가 애들을 위하는 곳인지, 해치는 곳인지 헷갈려. 즐겁지는 못할망정 괴롭지는 않아야 하는 거 아니야? 사실 학교가 문제는 아니지. 모든 선생님이 그런 건 아니잖아. 뭐가 뭔지도 잘 모르는 몰지각한 몇몇 선생님이 문제인 거지.

애들의 불만은 오래 전 학교 풍경을 소환합니다. 1년 동안 결석이 없는 반에게 표창을 하던 시절이 있었습니다. 1년 무결석은 무척 어렵고 힘든 일이어서 표창을 받는 반 아이들은 감격의 눈물을 흘렸고 그 담임은 영웅이 되었습니다. 당시 결석은 죄를 짓는 일이었습니다. 결석이 허용되는 이유란 존재하지 않았습니다.

무결석은 애들에겐 고난의 행군이었습니다. 아이들은 서로가 서로를 감시하는 감시자가 되었고, 선생은 아픔을 견디고 불편함을 참는 것도 교육이라며 채찍질했습니다. 결석한 아이에겐 자기관리를 못하는 불성실한 아이라는 딱지가 붙었고, 온갖 야유와 비난을 받아야 했습니다.

결석 없이 잘 견딘 아이들에겐 '근면'하다는 칭찬과 함께 '개근상'이 주어졌습니다. 그러나 간간히 조작된 근면과 꾸며진 가짜 성실이 끼어 있기도 했습니다. 그것은 아이들의 삶을 조작하는 일이었으나 당연한 듯 행해졌고 그 누구도 문제 삼지 않았습니다.

다행히 요즘은 사라진 옛 풍경이 되었습니다. 그럼에도 간혹 학교의 강제와 강요로 몸서리치는 아이들을 만납니다.

학생1 꼭 전화질이야. 그 선생님 번호만 뜨면 정말……

학생2 그 선생님은 애들을 교실에 집어넣어 놓기만 하면 그걸로 끝이야. 할 일 다 한 거지. 그럼, 교실에 처박아놓으려고 부른 거야? 그게 뭐야?

결석이 잘못된 행위라는 생각은 일부 부정적 측면만을 확대한 잘못된 선입견은 아닌지 궁금합니다. 학교는 삶을 위한 장치입니다. 삶을 해하는 장치로 오용되는 건 아닌지 아이들은 묻습니다.

"학교, 빠질 수도 있는 거 아닌가요?"
"좀 더 합리적이고 현실에 맞는 출석 이유가 필요한 것 아닌가요?"

아픔도 참고, 힘겨움도 견디면서 학교에 와야 하는 이유가 궁금합

니다. 다가오는 하교시간을 진통제 삼고, 책상을 침상 삼아 버텨야 하
는 이유가 무엇인지 아이들은 의아해 합니다.

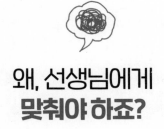

왜, 선생님에게
맞춰야 하죠?

한 시간이 끝나고 잠깐의 여유를 즐기려 교무실 앞 복도에 있는 널찍한 소파에 몸을 얹었습니다. 그리고 따뜻한 물 한 모금으로 목을 지지고 있을 때, 서민이가 잔뜩 부은 얼굴로 다가왔습니다. 물고 있던 물을 급히 삼켰습니다.

선생2 무슨 일 있니?
학생1 저…….

두리번거리는 폼을 보니 모여드는 이목이 불편한 모양입니다.

학생1 진짜 짜증나요.

주변의 눈길로부터 벗어나자마자 서민이는 입을 크게 벌리고 몸을 웅크리면서 작고 굵게 외쳤습니다.

학생1 자기가 싫어하는 일은 뭐든 하지 말래요. 근데, 선생님이 싫어하는 게 뭔지 어떻게 알아요. 또 안다 해도 내가 왜 선생님 기호에 맞춰야 되는데요?

서민이의 말은 계속됩니다.

학생1 제가 사실, 같은 일로 선생님을 여러 번 찾아갔어요. 그랬더니 자기는 그렇게 자꾸 찾아오는 걸 싫어한다면서 화를 내는 거예요. 근데 찾아가는 저는 뭐 즐거워서 찾아가요? 선생님이 좋아서 찾아가는 거냐고요. 저도 몇 번씩 고민하고 망설이다 어쩔 수 없어서 가는 거거든요. 그리고 한 번 가서 해결이 안 되니까 또 가는 거고요.

선생2 바쁘시니까 그러시겠지. 선생님들은 일이 많잖아.

선생 편에 선 말에 서민이는 더 목소리를 높입니다.

학생1 바쁘신 거, 저도 알죠. 근데 제가 화가 나는 건 뭐든 '자기에게 맞춰야 한다.'라고 생각한다는 거예요. 그게 있을 수 있는 일이냐고요! 어떻게 자기 입장만 생각하냐고요. 그리고 맞춘다면 학생에게 맞춰야 하는 거 아니에요? 어떻게 모든 일을 자기 생각대로 해야 되고, 자기 시간에 따라야 하냔 말이에요. 선생님은 애들을 위해 존재하는 거 아닌가요? 근데 선생님은 애들을 자신을 위한 존재로 생각하는 모양이에요. 항상 자신을 내세우고, 자신과 다른 생각이나 태도에 대해서는 무조건 화를 앞세워요. 그게 화내고 짜증 낼 일이에요? 진짜 왕재수예요!

쏟아지는 불만에 숨도 멎습니다. 서민이는 자신의 생각을 헤아리고 무엇을 좋아하고 싫어하는지 비위를 살펴서 행동해야 한다는 선생의 요구를 이해할 수 없습니다.

학생1 서로를 존중해야 하는 것 아니에요? 선생님에게 일방적으로 맞추어야 한다는 게 말이 돼요? 애들이 무슨 자기 종이에요? 그런 생각을 어떻게 이해해야 할지 모르겠어요. 아니, 선생님은 우리에게 관심이나 있어요? 우리가 뭘 좋아하고, 뭘 싫어하는지 아냐고요. 어떻게 그렇게 철저히 자기중심적일 수 있죠?

선생은 아이에게 쉼 없이 무엇인가 기대하고 요구하지만, 아이가 선생에게 기대하고 있는 것은 간과합니다. 아이들의 요구에 대해서는 무심한 채 외면하고, 자신을 마음에 새겨두고 말이나 행동에 마음을 쓰라는 요구는 감정적 형벌입니다. 선생은 자신만 알아달라고 목소리를 높이고 있는 것은 아닌지, 정작 알아야 하는 것은 애들이 아닌지, 애들에게 얼마나 관심을 기울이고 있는지 답해야 합니다.

선생님은
직접 할 수 있는 일이 뭐예요?

선생 잘 모르겠는데. 그거 ○○선생에게 가서 물어볼래?

선생 잠깐만, 한번 알아볼게.

선생 그래? 어떻게 하는 게 맞는 건지 한번 물어보고.

선생 다음 시간에 다시 와볼래? 그래도 되는지 알아볼게.

선생 그거 내가 마음대로 결정할 수 없는 문제라서…….

선생 이래도 되나? 잘 모르겠는데.

선생 이게 뭔데? 이거 내가 할 일이 아닌데.

선생에게 찾아와 답답함이 단번에 해결되는 시원한 답변을 듣기란 참 어려운 일입니다. 늘 뭔가에 걸려 지체되기 일쑤입니다.

학생1 선생님은 꼭 다른 사람 일을 대신 처리해주는 대리인 같아요.
뭐든 혼자 할 수 있는 게 없어요. 항상 누군가에게 물어봐야 하
고, 알아봐야 하고……. 누군가가 말해주면 그의 말을 대신 전
해주는 역할만 하잖아요.

아이들 눈에 선생은 자신이 하는 일에 책임을 지는 사람이 아니라
다른 사람에게 종속되어 단순히 노동력을 제공해주는 사람으로 보입
니다.

학생2 수업도 그렇잖아요. 조금이라도 애매한 문제가 나오면 무조건
교과서가 답이라잖아요. 교과서대로 풀고, 교과서를 외우라잖
아요. 교과서를 벗어난 생각이나 풀이는 위험하다면서요. 오직
교과서예요.

수민이는 선생의 태도에 답답함을 느낍니다. 그때 성수가 선생을
대변하고 나섭니다.

학생3 난 그건 이해가 되는데. 전국의 학생이 동일한 문제를 풀어야
하는데 다른 생각을 한다는 건 위험할 수 있잖아.
학생2 물론 그렇지만 생각은 다양할 수 있는 거잖아. 근데 그걸 쓸데
없는 생각으로 치부하고 시간낭비로 여기니까 그런 거지. 아예

다른 생각은 꺼낼 수 없는 분위기로 몰아가잖아. 난 그건 아니라고 봐.

학생3 그래도 선생님 입장에서는 성적이 중요하니까. 자기가 딴 얘기했다가 잘못되기라도 하면 어떡해. 그러니까 안전한 길로 가자는 거지.

학생2 난, 그게 문제라는 거야. 정해진 교과 과정에만 집착하는 관료주의적 행태 말이야. 교과서 내용만을 주입시키는 식의 수업이 답답하고 이해할 수 없다는 거지. 그러면 선생은 뭐 그냥 교과서 읽어주는 사람일 뿐인 거잖아. 학생들이 어떤 생각을 가지고 있든지 전혀 상관없이 말이야. 그밖엔 아무것도 할 수 없으니까.

수민이의 말에는 단단한 뼈가 들어 있습니다. 교과서만을 고집하고, 교과서 밖으로는 단 한 발짝도 벗어나지 못하는 선생은 학습의 재앙입니다.

학생2 그럼, 선생님은 할 수 있는 게 대체 뭐야? 뭐든 물어봐야 하고, 교과서에서 한 발짝도 벗어날 수 없다면 말이야.

아이들은 갑자기 선생이 할 수 있는 일로 화제를 돌립니다.

학생2 아무 것도 없는 것 같애. 자기 뜻대로 할 수 있는 게 뭐, 없잖아. 늘 누군가에게 물어봐야 하고, 허락을 얻어야 할 수 있고. 맞아. 자기에게 책임이 돌아올 듯싶은 일 앞에선 전혀 움직이지 않잖아. 전형적인 복지부동이야. 땅에 빠짝 엎드리잖아.

아이들은 선생이 큰 탈 없이 편안한 상황만을 유지하려는 것 아닌가 의심합니다. 애들을 위한 조금의 수고도 허용하지 않습니다.

학생4 애, 말하면 뭐하니? 에어컨 켜는 것도 허락을 받는데. 선생은 판단을 할 능력이 없나봐. 일일이 그런 것까지 다른 사람의 판단에 따라 움직여야 하냐고. 그러고 보면 선생님 능력은 쓸데가 없지 않아? 뭐든 시키는 대로만 움직이면 되는데. 자기 능력을 언제, 어디에 써. 오히려 말 잘 듣고, 말썽 안 부리고, 시키는 일 잘하는 하인을 뽑는 게 더 나을 것 같아. 다른 능력은 무용이니까.

"그럼, 도대체 선생님은 스스로 할 수 있는 게 뭐예요?"

아이들은 선생이 자신의 의지대로 할 수 있는 일이 있기는 한 것인지 궁금합니다. 아이들의 이야기를 들으면서 이리 묶이고 저리 매인 손발을 가만히 당겨 봅니다. 그리고 아이들에게 자신 있게 내세울 것이 없음에 절망합니다.

갈잖고, 무능하고, 우스운 잣대를 수시로 들이대는 하잘 것 없는 '윗분'들의 비인간적이고 비교육적 작태가 선생의 일어섬을 주저앉히고, 움직임을 가로막습니다. 수행했던 업무로 불이익을 받는 경우가 많으면 생각을 멈추고 의지를 접습니다. 창의적인 사고나 새롭고 독창적인 방법이 사라지는 건 당연한 수순입니다. 무사안일에 젖어 지내는 선생만을 탓할 수는 없습니다.

권력은 바싹 마른 모래를 쥐는 것과 같아서 강하게 쥘수록 모래는 빠져나가는 법이니까요. 선생이 직에 맞는 업무를 효율적으로 처리하는 데 미숙하고, 뭔가를 해결해야 할 때가 되면 다른 사람에게 물어보고, 의견을 들으려는 것은 일이 불거졌을 때 돌아올 책임을 떠넘기려는 폭탄 돌리기입니다. 이것이 직급에 맞는 업무와 결정을 수행하지 못하고, 선생이 다른 사람을 외치는 이유입니다. 또 하나, 비겁하고 무책임하다는 아이들의 평가가 '위'에서 내려오는 천한 질책보다 자존심을 덜 건드리기 때문입니다.

질문을 외면하는 건
우리를 회피하는 거 아니에요?

학생1 아이. ㅅㅂ, ㅈ같아.

뭔가 불만이 그득한 걸음걸이로 떼 지어 걷는 애들 틈으로 걸쭉한 욕설이 새어 나옵니다. 슬쩍 옆으로 다가서자 애들은 한 아이를 향해 웃기 시작합니다. 욕설의 주인공이 누구인지 알려주는 그들만의 방식입니다.

선생2 그래, 감정이 더럽혀지면 씻어야지.

주인공인 세현이의 어깨를 도닥였습니다.

학생2 괜히 한마디 했다가 까였어요.

수근이가 전후사정을 언급합니다.

학생3 우린 잘 알거든요. 그 선생님이 말거는 거 싫어한다는 거요. 그
래서 그 선생님과 말을 안 섞어요. 더욱이 질문한다는 건 생각
지도 못할 일이죠. 근데, 오늘은 세현이가 급했던 모양이에요.
그래서 입을 열었다가, 보기 좋게 묵살 됐죠.

수근이가 입을 열자 애들은 기다렸다는 듯이 그 선생을 도마 위에
올렸습니다. 그리고 샅샅이 헤집기 시작합니다.

학생3 그 선생님 사전엔 질문이란 없어요. 했다간 죽사발 나요. 질문
을 막으면서 뭘 가르쳐준다는 건지 모르겠어요.

학생4 맞아요. 질문은 가르쳐달라는 거잖아요. 학생의 당연한 권리
아닌가요? 질문을 외면하는 건 직무유기 아니에요? 혼자 떠들
다 나갈 거면 굳이 교실에 들어올 이유가 뭐가 있어요. 차라리
우리끼리 책 보는 게 낫죠. 아예, 듣지를 않아요. 자기 말만 일
방적으로 토해내다 나가는 거죠.

아이들은 선생의 태도가 비교육적이고 비인간적임을 하나하나

예리하게 지목합니다. 뜨끔뜨끔 합니다. 아이들의 이야기는 '그 선생'이 아닌 '나'에 대한 이야기이기도 했기 때문입니다. 지금껏 늘 그랬습니다.

"질문!"

단원을 마치거나, 특별한 내용에 대한 설명이 끝나면 가끔 묻습니다. 물으면서도 내심 질문이 없기를 바랍니다. 그리고 빠른 시선으로 아이들을 훑습니다.

"없으면 다음으로 넘어 가자."

질문이 나오기 전에 서둘러 아이들의 입을 막습니다. 질문은 또 다른 질문을 낳기 마련이고, 진도에 영향을 미치기 때문입니다. 그것은 학급별 진도 차이로 이어지고, 시험 범위를 정하고, 문제를 출제하는 데에도 불편함을 줍니다. 질문을 받는 건 귀찮고, 성가신 일입니다.

"더 알고 싶거나 이해가 되지 않는 내용이 있으면 교무실로 와라. 아니면 다음 시간에 질문하든지!"

질문을 차단하고 나서 아이들을 위하는 양 마지막 자비성 멘트를 날립니다. 교무실까지 질문하러 오는 경우는 가뭄에 콩 나는 것만큼이나 보기 힘든 일이기에 질문을 차단하는 데 꽤 효과적입니다. 행여 교무실로 대피하고 다음 시간으로 미루는 것으로도 불안하면 장벽을 더 높이면 됩니다.

"그렇다면 그런 거야. 그런 줄 알고 그냥 외워. 더 고민할 것도 없고, 더 깊이 생각할 것도 없어. 그리고 거기까지만 알면 문제풀이에

전혀 지장이 없다고. 더 이상 따지지 마라. 깊이 생각할수록 헷갈리기만 해."

이처럼 아이들의 생각을 차단하고 입을 봉쇄하는 것이 가장 확실한 질문 방지책입니다. 선생 말을 정답으로 제시하고, 나머지를 오답 처리해버리면 질문은 박멸됩니다.

"질문? 없지?"

질문을 절멸하면 아이들은 알아서 생각과 말을 숨깁니다. 수업은 일사천리로 진행됩니다. 혼자 떠들고, 혼자 묻고, 혼자 답하면서 순항할 수 있습니다. 선생은 혼자 만족하고, 혼자 칭송합니다. 그렇게 아이들은 의미 없는 수업을 버티다 졸업을 맞습니다.

"그게 선생님이야?"

"애들의 이야기를 개 짖는 소리로 여기는 게?"

아이들의 이야기를 들으면서 듣기만을 강요하고, 들으려 하지 않았던 지난 세월이 무섭게 다가왔습니다.

"선생의 말이 답이야, 내 말처럼 해."

이 말이 얼마나 무책임하고 위험한 말인지 이제야 깨닫습니다.

"내가 무슨 짓을 저지른 거지?"

생각할수록 죄책감이 무섭게 밀려옵니다. 그때 아이들이 결정타를 날립니다.

"질문을 회피하는 건 애들을 회피하는 거 아닌가요?"

"질문을 외면하는 건 애들이 아닌 자신을 위한 수업 아닌가요?"

"그건 그냥 대충 때우겠다는 거 아니냐고요?"

"그건 수업을 날로 먹는 거죠. 그래도 자리를 보존하는 데 큰 어려움이 없을 테니까요."

선생은 자신이 선생의 길을 제대로 걷고 있는지 늘 살펴야 합니다. 아이를 외면하지는 않는지, 아이 안에서 아름다움을 발견하려 애쓰는지, 아이의 자존감을 파괴하고 그곳을 자신으로 채우는 건 아닌지……

아이는 선생에게 질문하고, 공감하고, 위로받고, 강해집니다.

선생은 아이의 잃어버린 꿈을, 설렘을, 동경을, 이상을 찾는 데 필요한 또 하나의 손길입니다. 선생은 아이의 어두워진 마음에 촛불 하나 밝혀주고, 마음의 허기를 달래주는 힘입니다. 선생은 아이의 가슴에 비가 내리는 순간, 밀려오는 아픔에 몸서리치는 순간, 자취를 감춘 희망에 낙담하는 순간……, 필요한 따뜻한 품입니다.